高尔夫运动及管理专业系列教材

GAOERFU
QIUTONG FUWU

高尔夫球童服务

主编　李　鹏

旅游教育出版社
·北京·

图书在版编目（CIP）数据

高尔夫球童服务 / 李鹏主编. -- 北京：旅游教育出版社，2021.6（2024.8重印）
高尔夫运动及管理专业系列教材
ISBN 978-7-5637-4257-8

Ⅰ．①高… Ⅱ．①李… Ⅲ．①高尔夫球运动-职业教育-教材 Ⅳ．①G849.3

中国版本图书馆CIP数据核字(2021)第106310号

高尔夫运动及管理专业系列教材

高尔夫球童服务

李鹏 主编

策划编辑	景晓莉
责任编辑	景晓莉
出版单位	旅游教育出版社
地　　址	北京市朝阳区定福庄南里1号
邮　　编	100024
发行电话	(010)65778403　65728372　65767462（传真）
本社网址	www.tepcb.com
E-mail	tepfx@163.com
印刷单位	唐山玺诚印务有限公司
经销单位	新华书店
开　　本	787毫米×1092毫米　1/16
印　　张	6
字　　数	110千字
版　　次	2021年6月第1版
印　　次	2024年8月第2次印刷
定　　价	39.00元

（图书如有装订错误请与发行部联系）

前　言

改革开放以来，我国经济得到飞速发展，人民生活水平显著提高，人们越来越关注生活质量。高尔夫，这一时尚健康的休闲运动开始走进人们的生活，越来越多的人参与到高尔夫运动中，享受高尔夫运动的乐趣。

伴随着高尔夫产业的发展，产生了一种新型的服务型职业——高尔夫球童。球童是高尔夫俱乐部工作人员的重要组成部分，是展示球会优质服务的宣传大使。他们温文尔雅、技术全面、操作规范、贴心细致、善解人意，让客人心情愉悦、温馨备至。可以说，一个受过良好教育和培训的高素质球童，不仅是高尔夫球手的益友，能为球员提供高水平的专业服务，同时还是高尔夫文化的传播者，他们通过身体力行，将高尔夫自律、谦让、尊重、平等、信任和友谊的文化精髓传递出去。

目前，由于全国开设高尔夫专业的院校数量相对较少，高尔夫行业专业人才缺口很大，尤其是球童岗位缺口更大。大专及高职院校毕业的高尔夫专业学生一般很难长久从事这一基础性的岗位，而中职学校高尔夫专业的学生更能吃苦耐劳、脚踏实地、勤勤恳恳，很好地胜任了这一工作，因而受到高尔夫球会和用人单位的重视，继续教育和培训工作如火如荼。

为了更好地培养球童这一职业人才，弥补高尔夫运动及管理专业球童服务教材严重匮乏的不足，我们组织编写了这本专业教材。

教材从了解高尔夫运动基础知识入手，对球童服务基础知识和球童服务实践技巧进行了归纳和总结，在实践环节，通过范例，对技能要点、方法和技术操作进行逐层分解，以便让学员在学中练、在练中学，达到理实一体化的教学目的。希望通过学习本教材的学习，再辅以认真训练，使所有学员都能成为一名合格的、受球手和客人欢迎的高尔夫球童。

最后，衷心感谢为本教材编写提供各种帮助的教育界及培训界同行，期望能一直得到大家的关心和支持，使本教材为高尔夫运动行业的发展贡献绵薄之力。

目 录

第1章 高尔夫运动基础知识 1
第1节 高尔夫运动的起源与发展 2
第2节 高尔夫装备 6
第3节 高尔夫技术 15
第4节 高尔夫球场 34
第5节 高尔夫赛事 39

第2章 球童服务基础知识 43
第6节 高尔夫俱乐部概况 44
第7节 球童的起源与发展 45
第8节 球童的岗位职责 48
第9节 球童服务礼仪与规范 51
第10节 球童服务意识 54

第3章 球童服务实践技巧 59
第11节 下场服务前的准备工作 60
第12节 发球区服务流程与技巧 62
第13节 球道服务流程与技巧 66
第14节 障碍区服务流程与技巧 69
第15节 果岭服务流程与技巧 70
第16节 回场后的整理工作 72
第17节 球车使用技巧 73
第18节 服务沟通技巧 75
第19节 球场急救处理技巧 78

附录：高尔夫运动专业英语 81

参考文献 90

第 1 章 高尔夫运动基础知识

 本章导读

高尔夫运动是一项历史悠久的户外运动。在这一运动中，球童发挥着重要作用，充当着球手和客人帮手的角色。

在成为一名高尔夫球童之前，首先要对高尔夫运动的基础知识有所了解。本章主要介绍了高尔夫球运动的起源与发展、高尔夫球具器材、高尔夫挥杆技术、高尔夫球场及赛事等内容，旨在让学员初步了解高尔夫运动。

 **学习目标**

【知识目标】

- ❖ 了解高尔夫运动的起源及特点
- ❖ 辨认高尔夫球杆名称及其品牌
- ❖ 描述高尔夫球场的组成

【能力目标】

- ❖ 掌握高尔夫挥杆、短杆、推杆技术
- ❖ 掌握高尔夫赛事计分方法

第1节 高尔夫运动的起源与发展

一、高尔夫运动的定义

(一) 高尔夫运动的概念

高尔夫,被称为绅士运动,是一种在室外草坪上,使用不同的球杆并按一定的规则将球击进指定洞穴的体育运动。一场球一般打十八洞,杆数少者为胜。

高尔夫的英文名为 Golf。G(Green),代表绿色,在绿意盎然的大自然中打球;O(Oxygen),代表氧气,有绿色植物的地方就有氧气,生命也因此而充满生机;L(Light),代表阳光,阳光是一切生命的源泉;F(Foot),代表步履,打高尔夫球的主要运动形式是行走击球。有人把 Golf 各个字母的意思说成是"迈步走向锦绣前程"(Go To The Light Future),这不失为对高尔夫运动正面和积极意义的最好诠释。简言之,打高尔夫球可以培养自信心,让人勇于克服困难,大胆面对未来,追求事业的成功。

(二) 高尔夫运动的特点

1. 人与自然的完美结合

图 1 高尔夫球场

高尔夫是一种户外运动,高尔夫场地本身就建在环境优美的大自然中,是人类回归自然的最佳去处,是天然"氧吧",是获得日光浴的良好场所。

打高尔夫球时置身于鸟语花香中,实现了人与自然的完美结合。

2. 参与人群广

高尔夫是一项舒缓悠闲的运动,对耐力、力量没有很高的要求,因而不受年龄、性别、身体素质的限制,适合儿童、青少年及中老年等所有群体。只要愿意,每个人都可以在球场挥上几杆,一场球下来,不仅身心舒爽,还能强身健体。

3. 安全系数高

高尔夫是运动创伤最少的项目。由于选手之间没有身体接触,很少发生运动创伤,球员只在热身运动不充分,挥杆技术不得要领时才可能造成拉伤。另外,在烈日下或大雨中打球防护措施不到位,也有可能造成一定的安全隐患。但是,只要我们按照运动要领和健康学要求,从事高尔夫运动是完全可以预防运动创伤的。

图 2 热身

4. 强调文明素养

高尔夫是一项十分强调文明礼貌的运动,球员要按照高尔夫礼仪着装,并按照高尔夫规则来运动。观看高尔夫比赛的观众也需要自觉遵守球场纪律,站在安全区域观看球员打球。当球员准备打球时,所有观众都要屏息静观,不能喧哗。球员击球后,会以会意的微笑来回报球迷的支持。

5. 讲究自律

在高尔夫比赛中,球员都会自觉按照高尔夫规则打球,只有需要时才会呼叫裁判,很多时候,球员打完一场高尔夫比赛,无须与裁判打任何交道,杆数全凭球员诚实填写,高尔夫运动也可以说是没有裁判或极少使用裁判的竞技体育项目,球员的自律诚信得到了充分体现。

图 3 高尔夫运动讲求自律

6. 社交性强

高尔夫运动俱乐部的会员来自五湖四海，成为他们交往的纽带与桥梁。无论是在打球的过程中，还是在打完 18 洞后来到会所酒吧，你都有机会交到朋友。在高尔夫球场上，可以边聊天边进行商务洽谈，这使每一场高尔夫运动都成为一个派对。高尔夫的打球方式与良好的环境，使之成为比任何其他运动更适于以球会友的运动项目。

二、高尔夫运动起源说

关于高尔夫运动的起源，主要有以下三种说法：

1. 荷兰起源说

据说 1000 多年以前，在牧场里，当羊群吃草、嬉戏之际，放羊的牧童们闲暇无事，常常用手里的牧羊棍打击小的石头，比谁打得远、比谁打得准，或者比谁打得又远又准，这就是高尔夫运动的原始形态。

2. 苏格兰起源说

高尔夫为英文 GOLF 的音译。这个词最早出现在 1457 年苏格兰议会文件中。一个苏格兰的牧羊人在放羊时，用牧羊棍击石子取乐。一次，他偶然把石子击入了远方的兔子窝里，这种"击石入窝"的游戏非常吸引人，妙趣横生。之后，他就经常邀人一同玩耍，这项新的运动得到了越来越多人的喜爱，逐渐流行起来。据说，这就是高尔夫运动的雏形。

3. 中国起源说

据历史记载，中国早在唐朝就出现了一种叫做"捶丸"的体育活动。捶丸，顾名思义，捶者击也，丸者球也，并且还是击球入窝。这是我国古代球类游戏的一种。

据多部史书记载，我国北汉时期皇室贵族的游戏"捶丸"，从球场的布置与游戏规则都与今天的高尔夫运动极相似。也就是说，"捶丸"比高尔夫运动起码早出现一个世纪。

以上三种说法皆为事实。但是，大家公认英国是高尔夫运动的发源地和故乡。

三、高尔夫运动的发展

16世纪初，高尔夫传入英国。由于皇室的重视，16世纪末和17世纪初，高尔夫运动进一步在英国发扬光大。

1682年，苏格兰宫廷中开始有人组织高尔夫赛事，吸引了更多的人参加高尔夫运动。

1900年的巴黎奥运会和1904年的圣路易斯奥运会上，高尔夫被列为比赛项目。

20世纪60年代和80年代，英国公开赛、美国公开赛、业余锦标赛、高尔夫精英赛等赛事的开展，为不同国别的球员创造了同场竞技的机会，使这项地区性的体育运动走向了全球。

第二次世界大战后，世界各国经济的发展在很大程度上推动了高尔夫运动的快速发展。此时，高尔夫运动流行于美国、日本及欧洲各国，并迅速向世界其他地方蔓延，参加这项运动的人数急剧增加，高尔夫球场的数量也飞速增长。

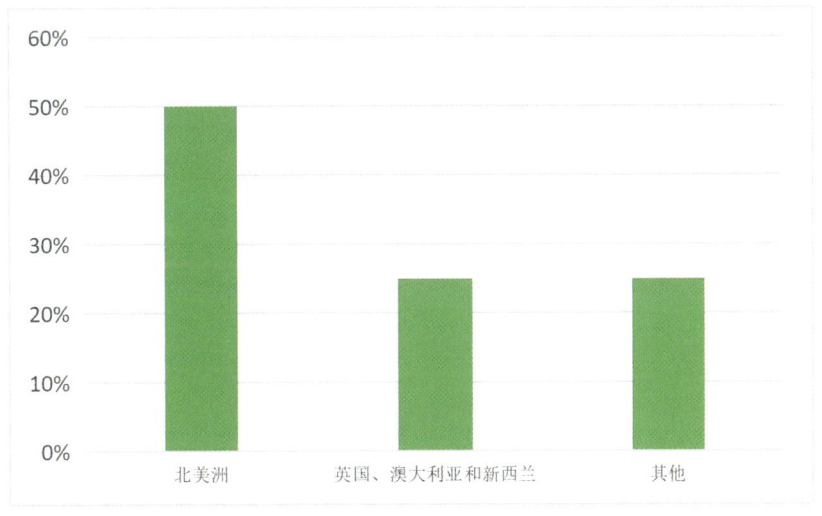

图4 全球高尔夫运动设施数量占比图

21世纪，随着世界经济的进一步发展，现代高尔夫运动在全球各地得到广泛普及和推广。目前，全球共有4万多个球场，50%在北美洲，25%分布在英国、澳大利亚和新西兰。作为一个具有良好发展前景的运动，高尔夫在国际上已形成了巨大的产业市场。围绕着高尔夫这项运动本身，在它周围形成了一个包括高尔夫球杆球具业、高尔夫服装业、球场设施设备业、旅游业、房地产业、高尔夫综合服务业等相关行业的巨大产业链。2009年10月9日，国际奥委会在哥本哈根投票，高尔夫运动进入2016年奥运会。高尔夫运动重返奥运会，它所带来的经济效益、文化效益和社会效益更是难以估量。

第2节 高尔夫装备

一、高尔夫球杆

（一）高尔夫球杆发展

高尔夫球杆由杆头、杆身和握把三部分组成。15世纪，其多用苹果木、梨木和李树木等制作；19世纪90年代开始用柿木制作；20世纪初叶，铁杆正式上市；1912年，第一批无接缝铁杆在英格兰问世。到了20世纪20年代，类别与模式都很齐全的铁杆在美国行销。尽管如此，直到1929年，铁杆的合法性才获得圣安德鲁斯皇家高尔夫俱乐部的承认。钢材材质的优点无可厚非地使其在球杆制造业中站稳脚跟，进而促使批量生产的高尔夫工业形成。近年来，在高尔夫球坛掀起了一股"钛合金热"，人们争相购买和使用钛合金球杆。钛合金制成的木杆稳定性和弹性俱佳，使小白球被击得又直又远。钛合金杆的出现使挥杆一族如获至宝，高级职业选手也有了夺取比赛胜利的利器。

图5 高尔夫球杆

（二）高尔夫球杆种类

按球杆的不同用途和球杆杆头形状和杆身长度，可将高尔夫球杆大致分为木杆、铁杆、挖起杆和推杆四种，还有一种介于铁杆和木杆之间的球杆，叫混合杆，又叫铁木杆。一套球杆通常是指"3木9铁1推"，球员可以根据自己的需要再加配一支挖起杆或是铁木杆。在正规比赛中，每位选手最多只能携带14支高尔夫球杆参赛。

1. 木杆

木杆主要用于发球或者打出远距离的球，它的特点是杆身长，杆头较轻。从名称就可以看出，传统上的木杆是用坚木所制，比如山毛榉木、冬青木和梨树木，杆身也大多来自榛木。杆头与杆身紧紧相连，通过皮带牢牢地固定在一起。但是，在过去20年时间里，由石墨和金属钛所制的杆身得到广泛使用。

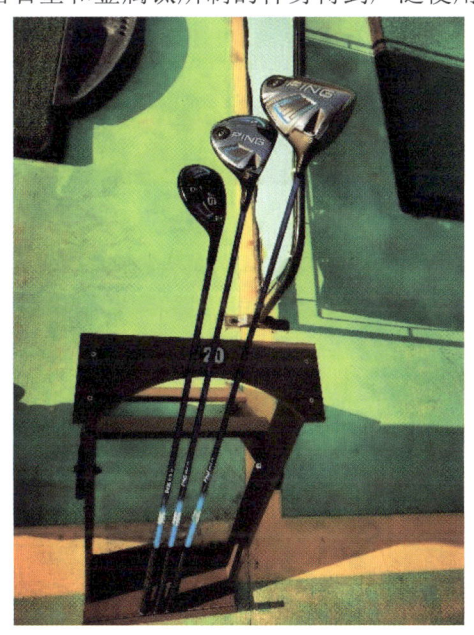

图6 木杆

木杆通常分为1号木杆（Driver），球道木杆（Fairway wood）：3号木杆，4号木杆和5号木杆。号码越小，杆身长度越长，重量越轻；反之，号码越大，杆身长度越短，重量越重。

2. 铁杆

铁杆杆头较窄，用不锈钢、碳素或软铁制成，有铸造和锻造两种制作方法。多用在短距离开球或在球道上击球，主要用来追求稳定性和操控性。一套铁杆有4号、5号、6号、7号、8号、9号，以及P杆，数字越大，杆身长度越短，打出的球飞行距离越短。

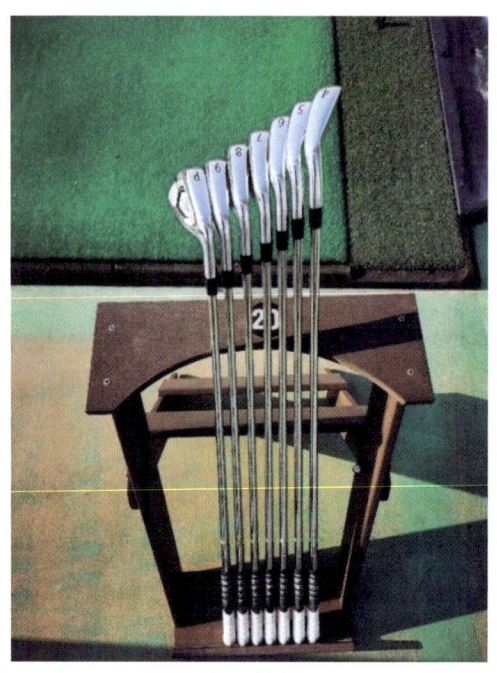

图 7 铁杆

3. 挖起杆

挖起杆具有各种不同角度的型号，也被称作角度杆。SW 为挖起杆英文名称缩写，也有直接在杆头上标注度数的，如 54°、56°、58° 等。挖起杆属于特殊铁杆，杆身较短，挥重比铁杆重，杆面倾角度数大，有反弹角。主要在果岭周围及沙坑或长草区救球时使用。

图 8 挖起杆

4. 推杆

推杆是在果岭上推球入洞的专用球杆，推杆杆身一般为 14 支杆中最短的。推杆杆身较短，杆面倾角最大不超过 5°。主要有条形（也叫刀背形）和槌头形两种。

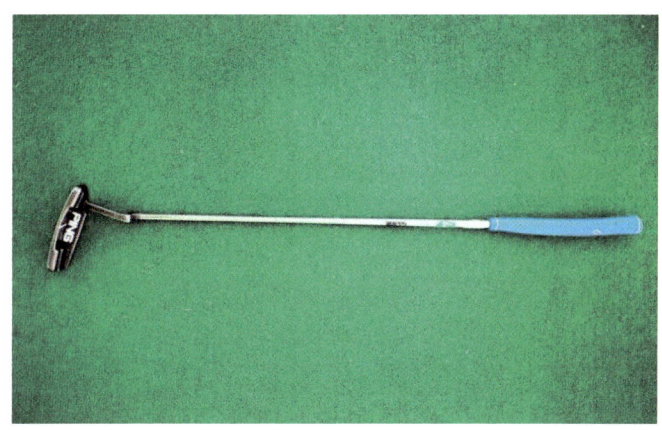

图 9 推杆

5. 铁木杆

铁木杆是结合长铁杆和球道木两者特点而产生的球杆，所以，铁木杆又叫混合杆（Hybrid），别称"小鸡腿"。铁木杆出现以前，高尔夫球员采用长铁杆（1号、2号、3号）处理相对较长的射程，但对大多数球员来说，使用长铁杆的难度较大。铁木杆的杆身采用了长铁杆的长度和球道木的杆头设计。控制杆身的长度可以尽量保持击球的稳定性，采用同球道木一样较小的杆头面角度，保证了击球的远距离。

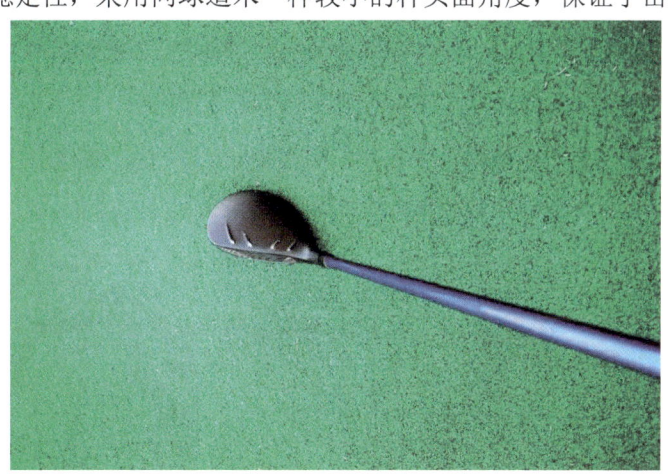

图 10 铁木杆

二、高尔夫球

高尔夫球直径不得小于 1.680 英寸（4.267 厘米），质量不得超过 1.620 盎司（45.9 克），表面有许多凹痕，专业术语叫蜂窝，主要作用是调节球的飞行轨迹，减少阻力，使高尔夫球的飞行距离增大。

从结构划分，高尔夫球基本可分为四类。

（1）单层球：这种球球体用硬橡胶压制而成，一般仅用于练习。

（2）双层球：是最常用的球，兼顾了球的硬度和控球度，非常耐用。如果需要打得远，就要选择硬度较大的球；反之，则要选择较软的球。

（3）三层球：是高水平球员常用的球，是目前最具有高旋转性和击球感觉的球。

（4）多层球：使用任何击球力度都能产生最佳效果，职业球员使用较多，价格相对较贵。

图11 高尔夫球——三层球

三、高尔夫球包

球包主要用来装打球用具，如球杆、高尔夫球、球tee、球鞋等装备。常见高尔夫球包有桶包、支架包、枪包和航空球包。

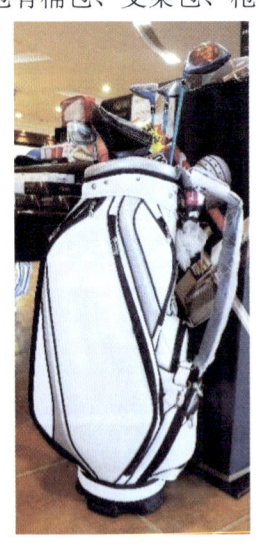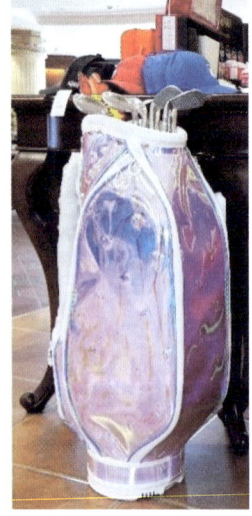

图12 高尔夫球包

支架包：是带有支架的球包，相比于桶包，它更轻便，携带方便。

枪包：是去练习场常用的包，练习时不用背整套杆去，只需装上一两支或几支球杆。因形似装枪的包而得名，其最大特点是轻便。

航空球包：是专为高尔夫运动爱好者出远门打球而设计的一种球包，可放置出行的所有行李，包含衣物和鞋子等。

四、高尔夫服饰

高尔夫运动是一项非常注重礼仪的运动，对着装有特别规定，这也是长期历史发展沿袭下来的高尔夫文化的一部分。高尔夫服装以舒适整洁为原则，不论男女，都应着有领的上衣和长裤。禁止球员穿圆领汗衫、吊带背心、牛仔系列服装、超短裙。至于高尔夫球鞋，目前大部分俱乐部出于保护草坪的需要，规定在球场上只能穿着特制的胶钉球鞋。女士着装可以时装化些，上衣可无袖，但要有领子，不可穿过短的短裤或者短裙子（如网球短裙），尤其不可穿吊带衫或连衣裙，过于暴露有伤大雅，并且容易晒伤。优雅得体的着装是高尔夫文化的一部分，体现了对他人和自己的尊重。

最常见的着装要求：

(1) 男士必须穿有领的 T 恤、宽松的休闲裤，衣服需要扎进裤腰里。

(2) 女士必须穿有领的 T 恤、宽松的休闲裤、运动短裤或短裙。

(3) 必须穿高尔夫专业球鞋。

戴高尔夫球帽不仅有防晒作用，还是高尔夫礼仪中不可或缺的一项。在有些球会，不戴高尔夫球帽者不允许下场打球。

图 13 高尔夫服饰

高尔夫球鞋是专门为高尔夫球运动设计的特殊鞋子，通常底部有钉子，分为硬钉及软钉两种，主要是能提供强大的抓地力，让球员在击球时能站得更稳。在雨天，一双防水性能较好的鞋子显得尤为重要。

图 14 高尔夫球鞋

手套可以让球员在挥杆过程中感觉更加安全和舒适，可以避免手部的汗水接触到球杆时不好控制球杆。右手球员将手套戴在左手上，左手球员将手套戴在右手上，女士通常戴双手手套。

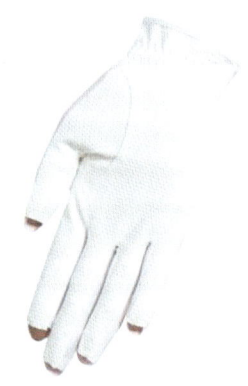

图 15 高尔夫手套

五、高尔夫相关用品

1. 果岭叉

果岭叉是修理果岭的工具。高尔夫球从高处落在果岭上时会在果岭上砸出一个个小坑，再加上其他外界因素的影响，使果岭出现裂痕。此外，穿钉鞋不小心划坏果岭等都会使果岭遭到损坏，这时，就需要动用果岭叉来修理果岭了。

图16 果岭叉

2. 球 tee

球 tee 主要用于开球架球，也可用于在球道和果岭上标记球的位置以及代替果岭叉修复果岭上球的打痕。

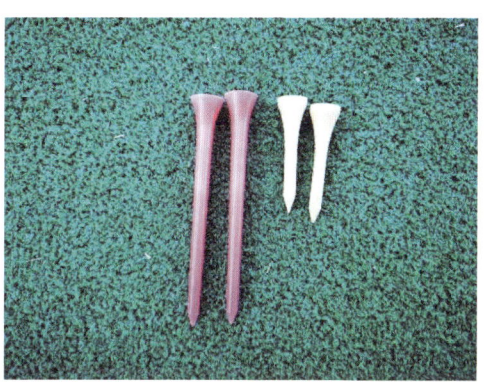

图17 球 tee

3. 测距仪

打高尔夫时，第一时间知道距离很重要，这决定了成绩的好坏。在练习中，球员判断球位到旗杆的距离往往通过自己或球童的目测，以此来决定挑选球包中的哪一支铁杆以及挥杆的力量。测距时，除了球员自身的经验和水平外，专业设备的选用也很重要，其中最常用的设备就是激光测距仪。

图18 测距仪

六、高尔夫球具品牌

打高尔夫时，球具的选择很重要。好的高尔夫球具能让人们打球更顺手。常见的高尔夫球具都有哪些品牌呢？

1. Callaway

创始于 1982 年的美国，是全球较大高尔夫球具制造企业，致力于为所有高尔夫运动爱好者提供各种产品和服务。其出色的球具产品和尖端技术闻名于世。

2. Taylor Made

创始于 1979 年的美国，推动高尔夫木杆由"木质"时代进入"金属"时代，以高性能及高科技著称，泰勒梅金属木杆、铁杆和推杆已经数百次帮助球员问鼎高尔夫职业巡回赛。自 2002 年以来，泰勒梅始终为美国巡回赛头号发球杆。1998 年，泰勒梅成为阿迪达斯集团下的全资子公司。

3. Titleist

创始于 1910 年的美国，全球规模较大的高尔夫用品制造商，高尔夫球具十大品牌，以高尔夫球和挖起杆享誉全球。Titleist 生产的高尔夫球 Pro V1（俗称 392）和 Pro V1X（俗称 332）被认为是世界上最好的高尔夫球之一，价格昂贵却非常抢手。 除高尔夫球外，Titleist 品牌的球杆也有销售，主要针对的是职业选手。

4. HONMA

成立于 1959 年的日本，全球率先使用碳素物料作杆身的高尔夫球杆制造商，专业制造及销售高尔夫球用具的大型跨国公司。HONMA 成立于 1959 年，是目前市场上历史最悠久、最负盛名的高尔夫用具专业品牌之一，是工艺精湛、追求卓越性能及产品质量无与伦比的代名词。

5. PING

创始于 1959 年的美国，十大高尔夫球品牌，致力于高尔夫球等系列产品的设计、生产、销售的大型跨国公司。PING 以量身定做技术引领高尔夫球具行业，50 多年专注量身定做，使 PING 当之无愧地成为全球量身定做第一品牌，不仅在产品的研发上得到了消费者的认可，更通过领先的量身定做技术在广大职业球员和消费者心中建立了良好的品牌形象。

6. SRIXON

邓禄普体育用品株式会社旗下高尔夫球具十大品牌，源于日本技术，是专门生产高档高尔夫球具的知名企业。史力胜高尔夫科研中心内设有各种专门用于测试球杆、高尔夫球产品性能的设施设备，通过使用高精度仪器测量杆头速度，球的初始速度，击打角度及倒旋量，弹道及飞行距离等一系列数据，再综合风速、气温、气压和湿度等自然条件进行数据分析和评估，全方位分析形成测定结果的原因，以测定球杆和球的性能。

7. XXIO

日本住友橡胶工业旗下著名高尔夫球具品牌,产品有高尔夫球杆、高尔夫球等,是专门生产高档高尔夫球具的企业。XXIO 在日本可以说是高尔夫球具第一品牌,在中国,随着人们慢慢关注日巡赛的信息,这个在日本广为人知的高尔夫品牌逐渐进入了人们的视线,获得众多高尔夫运动爱好者的喜爱。

第3节 高尔夫技术

一、挥杆原理

(一)认识高尔夫球球路

高尔夫球球路一般分为九种(以右手球员为例):有左拉左曲球(pull draw)、左拉球(pull straight)、左拉右曲球(pull slice)、小左曲球(straight draw)、直球(straight)、小右曲球(straight slice)、右推左曲球(push draw)、右推球(push straight)和右推右曲球(push slice)。

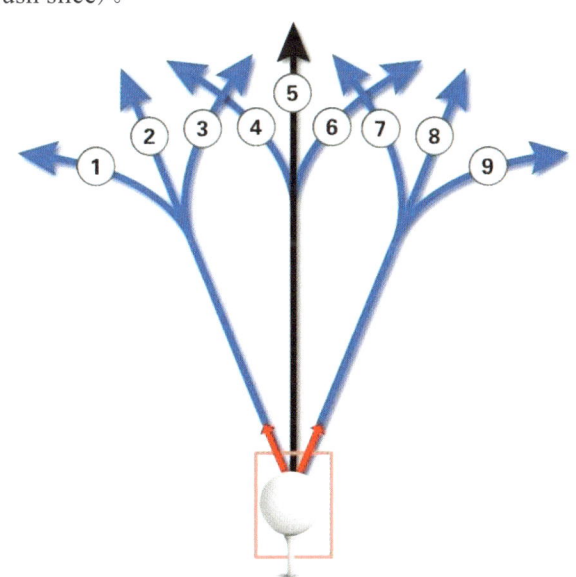

①左拉左曲球 ②左拉球 ③左拉右曲球 ④小左曲球 ⑤直球
⑥小右曲球 ⑦右推左曲球 ⑧右推球 ⑨右推右曲球

图19 高尔夫球球路

(二) 球路飞行的影响因素

20世纪70年代，美国职业高尔夫球员加里·伟伦博士总结了球路飞行的五大定律，即杆头速度、杆头轨迹、杆面角度、击球角度和击球中心度。

1. 杆头速度

影响：距离

杆头速度是杆头在击球瞬间的速度，它主要影响球的飞行距离。如果球击到了甜蜜点，杆头速度越快，球的初始速度就越快。

同样，当杆头速度增加后，球的倒旋转率也会随之增加。较快的杆头速度会比较慢的杆头速度让打出来的球飞得更高。如果击球时球向右或向左旋转，那么球飞向两侧的距离将会变大，原因就是由于杆头速度较快，增加了球的旋转率。

2. 杆头轨迹

影响：初始方向

杆头轨迹是球员挥杆时杆头运动的方向，它主要影响球的初始方向。杆头轨迹一般有由内向内(inside-in)、由外向内(outside-in)、由内向外(inside-out)三种。相对于目标线来说，由内向内的挥杆是杆头先从目标线左侧下杆到与目标线方向一致，再到目标线左侧送杆；由外向内的挥杆是杆头先从目标线右侧下杆，在与目标线交叉后向左侧送杆；由内向外的挥杆是杆头先从目标线左侧下杆，在与目标线交叉后再向目标线右侧送杆。

3. 杆面角度

影响：起飞方向

杆面角度是指击球时杆面的开放、方正或关闭状态，它主要影响球起飞的方向。在同样的挥杆条件下，开放的杆面导致球的飞行向右偏，关闭的杆面导致球的飞行向左偏。

4. 击球角度

影响：起飞角度

击球角度指的是杆头击球时和地面之间的角度。当球被击到后，挥杆弧度的最低点决定了击球角度。击球角度可以用数字来表示，或者用具体的文字来表示。用雷达来测量击球角度，如果是负数的话，说明在击球时击球角度向下；如果是正数，说明在击球时击球角度向上。如果用眼睛或者视频来测量击球角度，其定义又有所不同。中性或浅平是形容击球角度最好的词，通常，不同的击球角度适于打出不同的球路。

5. 击球中心度

影响：距离、起飞角度、起飞方向

球面的哪里触及球,对击球的距离有很大影响。如果击球时没有击到杆头甜点中间,杆头传给球的能量就会减少,造成球的飞行距离缩短。球可以击到杆头的趾部或跟部或者甜点的上部和下部,这样会造成杆头旋转,从而失去准确度,击球的距离也会大受影响。

我们知道,球起飞的方向主要是由杆面角度和挥杆轨迹决定的。二者具体的影响的比例有多少呢?通常来说,杆面角度对球初始方向的影响是杆头轨迹的4倍,如果是一号木的话,这个数值还要更大一些,具体如下表所示。

表1 影响高尔夫球起飞方向的因素

球杆	杆面角度对球起飞方向的影响	杆头轨迹对球起飞方向的影响
一号木	85%	15%
铁杆	75%	15%

二、挥杆前的准备动作

挥杆前的准备动作可以分为握杆、站姿、球位、瞄准四部分。

(一)握杆

1. 握杆步骤

好球技始于好握杆,以下是握杆的基本步骤(以右手球员为例):

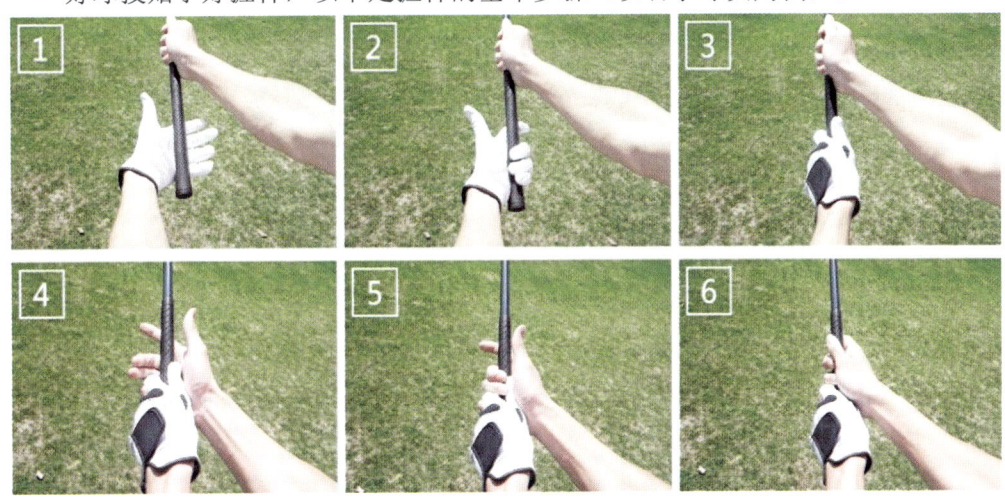

图20 高尔夫握杆步骤

(1) 以左手食指第二指节和小拇指第三指节(根部)为一条线,将握把与这条线重叠,握把末端留出1~2厘米。

(2) 左手中指、无名指、小拇指握住握柄。

(3) 左手的大拇指指向握柄上方,向右侧翻转,虎口贴紧握柄。

(4) 右手向左手滑动，使握柄处于右手食指的第一个指节与小拇指最末端之间。

(5) 右手中指、无名指、小拇指握住握柄。

(6) 右手的大拇指在握柄上方，向左侧翻转，虎口贴紧握柄，将杆头放正，置于地面后，左右手两个虎口的指向平行，朝向右耳和右肩之间。

2. 握杆方式

有三种握杆方式供球员选择，球员应把每一种方式都感受一下，找到最舒适、最合适自己的一种。

(1) 互锁式握杆：右手的小指扣在左手食指和中指之间，适合手指短尤其是手指较粗的高尔夫球手。

(2) 重叠式握杆：右手的小指置于左手的食指和中指之间，适合手指细长的高尔夫球手。全世界大多数职业球员使用此种握杆方式。

(3) 棒球式握杆：左手和右手贴合在一起，这是最简单的一种握杆，适合初学者和儿童使用。

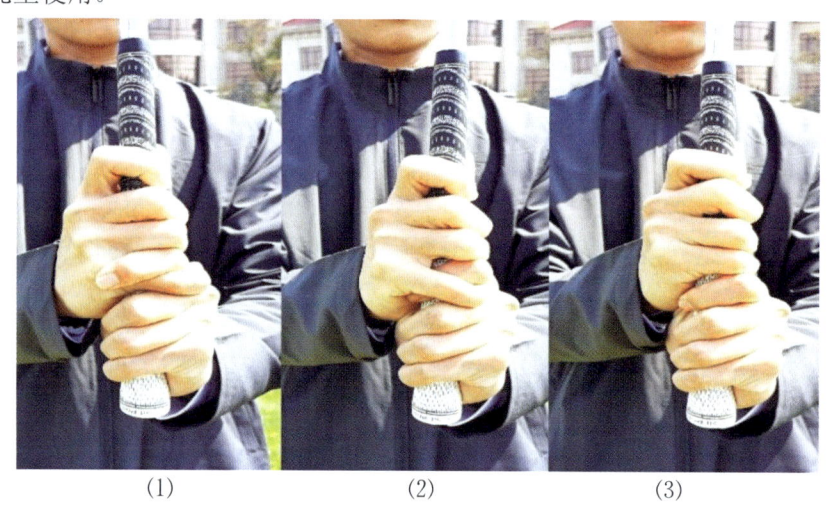

(1)　　　　　　(2)　　　　　　(3)

图 21　握杆方式

3. 握杆力度

握杆不宜太紧，否则会导致前臂紧张，影响挥杆的流畅性；但也不能握得太松，否则可能会失去对球杆的控制力。握杆力度是种感觉，是在主观感受的基础上伴随着不断练习形成的。球员在感受握杆力度时可以想象手里握着一只小鸟，握杆的力度介于不能让小鸟飞走，同时不伤害小鸟之间。球员可以尝试在击球时先尽量轻轻地握住握把，随后再用力握住，通过反复练习，找准适合自己的握杆力度。

（二）站姿

高尔夫运动中的站姿，指的是高尔夫球杆杆头在接触球的不同时间节点上身体的踝胫线、膝臀线和臀颈线呈现出不同曲度，它是挥杆前准备动作的重要环节。

在球杆杆头接触球之前、接触球之时和接触球之后这三个节点，球员只有保持正确的站姿，才能更好地完成挥杆动作。不正确的站姿会影响击球的精准度和击球距离。

当我们从球员后侧观察其站姿时，会发现其身体的踝胫线、膝臀线和臀颈线在不同的击球节点能否完美结合，将决定挥杆动作能否保持身体平衡。理想的站姿决定动作的平衡点在双脚之间，同时，臀部还要有一个倾斜角度。

1. 站姿要领

(1) 腋窝、膝盖和脚掌成直线。

(2) 相对于不同的球杆，身体的弯曲度不同。

(3) 臀部向前倾斜。

2. 标准站姿

(1) 正面：双脚打开，与肩同宽，右肩略低于左肩，头部位于球的后方，右臂轻微弯曲(肘部弯向右髋)，左臂伸直。

(2) 侧面：手臂从肩部自然下垂，双手手掌并拢，并拢处就是握杆位置，膝盖微弯，腰部以上向前倾。

图 22 标准站姿

保持正确站姿的注意事项：身体与击球路线保持平行，右肩比左肩略低。

(三) 球位

球位，是指高尔夫球与两脚的距离远近。以击球方向为准，球杆越长，球越要向前放（靠向左脚）；球杆越短，球越要向后放（靠向右脚）。方便起见，我们通过四个球位来简化这一步骤的学习。

(1) 左脚跟内侧球位：该球位适用于1号木杆，也就是开球的时候。

(2) 偏左脚球位：该球位适用于较长的球杆，如球道木杆、长铁杆等。

(3) 居中球位：该球位适用于中、短铁杆。

(4) 偏右脚球位：该球位适用于短铁杆以及挖起杆。

(四) 瞄准

高尔夫运动是一个目标导向的运动，正确瞄准非常重要。球员只有通过对瞄球目标的校对，才能使每一颗球的飞行更加精准，并对最终成绩产生决定性影响。

1.杆面对准

当杆面与球和目标线垂直时，就是瞄准了目标；当杆面对着球和目标线的右方时，就是杆面开放；当杆面对着球和目标线的左方时，就是杆面闭合。

2.找准击球目标

球员在瞄准时要做的第一件事是将杆面对准目标，双手、双肩、髋部、膝盖和双脚与目标线平行，依次检查并摆正身体。球员需要站在球的后方，观察远处的目标，然后尝试在目标和球之间画出一条虚拟连接线。具体练习时，球员可以在球前方1米左右的地方选个参照物，并将自己的杆面瞄准所选参照物。

3.对齐练习

图 23 对齐练习

我们可以通过模拟"火车轨道"来练习瞄准和对齐：想象在你双脚前横着两条火车轨道，身体在其中一条轨道上，用球杆瞄准另一条轨道，而目标恰好在球杆瞄准的轨道延伸线上，球将沿着这条轨道飞行。

三、全挥杆技术

全挥杆技术可以分解为十个动作：击球准备、起杆、上杆、顶点、下杆、释放、击球、送杆、前挥和收杆。每个动作都有各自的规范和技术要点。球员只有熟练掌握各分解动作，之后融合成一个连贯的挥杆动作时，才算完全掌握了全挥杆技术。

图 24 全挥杆技术分解动作

1. 起杆

起杆决定整个挥杆动作的基调。如果能掌握扎实的握杆技术、击球准备和起杆动作要领，就能让这些技术成为整个挥杆动作的基石。杆头从击球准备的状态开始向球的后上方摆动，当杆身与地面平行时，起杆完成。

表2 起杆位置检查表

观测位置	检查要点	图示
从前方检查	杆身与地面平行	
	身体形态与击球准备相似	
	轻微转体	
	后侧肘弯曲	
	脊柱的角度保持不变	
从后侧检查	杆身与目标线平行	
	杆面处于理想的瞄准区	
	躯干仍保持"Y"形	
从后方检查	臀部的高度保持不变	
	脊柱的角度保持不变	

2. 上杆

前侧手臂与地面平行，杆头指向天空。这一位置是一个非常好的参考点，这里如出现错误，说明上杆动作不正确，在下杆时就需要补偿动作。

表3 上杆位置检查表

观测位置	检查要点	图示
从前方检查	前侧手臂与地面平行	
	前侧手臂与杆身夹角为90°	
	身体转动	
从后侧检查	挥杆平面	
	杆面的角度	
	站姿的角度	
从前侧检查	转动	
	站姿	

3. 顶点

这一姿势常被称为挥杆的过渡动作，它是挥杆方向由上而下的转换点。

表4　顶点位置检查表

观测位置	检查要点	图示
从前方检查	挥杆的幅度	
	脊柱的角度	
	身体的转动	
	无侧向移动	
从后侧检查	杆面状态	
	挥杆平面	
	手的位置	
	站姿的角度	
从后方检查	后侧手肘的位置	
	脊柱角度	

4. 下杆

从挥杆开始，在此之后的三个分解动作将决定球怎样飞行。下杆是观察球员如何向击球区域移动的重要标志，这个位置极度偏离，将会在击球时对杆头轨迹、杆面的角度和击球角度产生巨大影响。

表5　下杆位置检查表

观测位置	检查要点	图示
从前方检查	前臂和杆身保持90°	
	身体向球的方向转动	
	关闭前侧线的缝隙	
从后侧检查	挥杆平面	
	杆面角度	
	保持站姿的角度	
从后方检查	后侧手肘的位置	

5. 释放

释放节点可定义为在下杆时,将杆头挥至与臀部高度相当的位置。也就是说,将球杆送至击球位置,然后完成接下来的一系列动作。它是整个挥杆动作最关键的节点。

观察世界级职业高尔夫球员的不同挥杆动作,明显会看到许多变化。然而,当我们仔细观察他们在击球区域的动作时发现,世界最优秀的高尔夫球员的挥杆动作在击球区域的变化都是很小的。他们虽然可能以不同的方式进入释放节点,但是,他们全都会准确无误地来到释放节点。从这一节点,以一个简单可重复的击球轨迹进行击球和送杆,从而形成一个可控的和稳定的球路。

与击球区域相关的三个节点是:释放、击球、送杆。

表6 释放位置检查表

观测位置	检查要点	图示
从前方检查	在前侧手臂和杆身之间保持一定角度(不应呈直线)	
	前侧缝隙关闭	
从后侧检查	杆身位置	
	杆面角度	
	保持站姿的角度	
从后方检查	身体形态	
	后侧手肘的位置	
从前侧检查	臀部相对目标线方正	
	双肩相对身体关闭	

6. 击球

杆头的击球方式决定球的飞行线路。可运用球的飞行规律来解释击球的质量。通过分析核心基本技术以及挥杆前的基本技术错误对挥杆的影响,可找到产生特定飞行线路的原因。

表7 击球位置检查表

观测位置	检查要点	图示
从前方检查	杆身和前侧手臂呈一条直线	
	身体前侧处于前侧线上	
	后侧脚后跟微抬	
	后膝（稍微）向内靠	
	脊柱角度	
从后侧检查	挥杆平面	
	身体形态	
	后侧手肘靠近杆身平面	
从后方检查	脊柱的角度	
	身体前侧处于前侧线上	
从前侧检查	髋部打开	
	双肩与目标线平行或稍微打开	

7. 送杆

击球区域三个节点的最后一个节点是送杆。其操作要领是，在送杆位置伸直双臂，将双腕完全伸展，送杆后紧接着击球，让杆头击球后沿着低平的轨迹运动。如果能较好地完成释放、击球、送杆这三个节点动作，就能成为一名优秀的高尔夫球手。懂得在送杆时球杆是怎样运动的，将决定球员把球击向空中的能力。送杆自然，才能使球高飞。那些想要将球挑向空中的人，则永远无法掌握送杆技术。

表8 送杆位置检查表

观测位置	检查要点	图示
从前方检查	躯干仍保持"Y"形	
	杆身的延长线指向双臂之间的腹部的纽扣处	
	转动时，身体前侧仍位于前侧线上	
	后侧脚转动更多，并且向大脚趾内侧方向前移	
	脊柱的角度	
从后侧检查	杆身的延长线指向目标线	
	杆身平面	
	更多地看见的是后侧脚的鞋底	
从后方检查	脊柱角度	
	身体形态	
	前侧手臂与杆身的角度	

8. 前挥

前挥，指的是后侧手臂与地面平行时的动作。

表 9 前挥位置检查表

观测位置	检查要点	
从前方检查	后侧腋窝的位置	
	转体时，身体前侧仍位于前侧线上	
	短袖衫的皱褶下坠	
	脊柱的角度	
	后侧脚的位置向拇指内侧方向移动	
从后侧检查	杆身延长线通过身体	
	挥杆平面	
	后侧脚向脚尖移动	
	身体角度释放	
从后方检查	前侧短袖衫的皱褶	
	前臂弯曲	
从前侧检查	身体面向目标	
	后侧腿朝向目标线	

9. 收杆

收杆，是指挥杆动作停止，身体保持平衡。当挥杆过度用力，试图加大击球的力量时，在击球动作结束时会使身体处于一种不稳定和不平衡的状态。结束动作应该是轻松自如的，身体不应该转动到极限。

表 10 收杆位置检查表

观测位置	检查要点	
从前方检查	身体前侧位于前侧线上	
	后侧的膝部、臀部和肩部齐平	
	后侧脚以大脚趾为支撑	
从后侧检查	站姿三条线的曲度不再保持	
	后侧脚完全抬起，与地面垂直	
	后侧腿与目标线垂直	
	杆身角度	
从后方检查	身体朝向	
	后侧脚的位置	
从前侧检查	手臂的位置	
	身体朝向	

四、短杆技术

短杆技术，一般是指100码以内的所有击球技术，目的是让球落在果岭上更靠近球洞的位置。短杆击球技术主要包括切杆、劈杆及果岭边沙坑击球等基本技术。

（一）切杆

切杆涵盖切击球与切滚球两种基本技术，两者都是通过小幅度挥杆击球运动，让球从球道或果岭边缘近距离到达洞杯位置。

在切击球时，球员下杆和送杆时将球杆保持在低位，这种挥杆动作与推击动作相似，只是动作幅度比推击动作稍大，杆头的高度始终位于膝盖以下，使切击的球飞行弹道低，在地上滚动的距离比在空中飞行的距离稍远。

切滚球的上挥杆与正常短杆的挥杆轨迹几乎相同。为了使球的飞行弹道低一些，且击出的球在空中的飞行距离短、滚动距离长，球员需要压低身体重心，或将重心放在左侧，同时减小下挥杆动作幅度，或放低送杆高度，以此来调整击球轨迹。

1. 选杆

不同切杆选杆击出的球的高度不同，球的滚动也不同。

球员可以根据以下几点判断选用什么球杆：

(1) 球和果岭边缘的距离。

(2) 从果岭边缘到球洞的距离。

(3) 坡度是上坡、缓坡还是下坡。

(4) 草的长度。

(5) 果岭速度。

2. 站姿

好的站姿能让球员的短杆更靠近球洞，从而让推杆更容易。

切杆站姿分以下五个步骤：

(1) 将杆头放下：握好球杆，将杆头放置在球的后方，正对目标，调整身姿。同时保证球杆在身体前方，脚并拢，将精力集中在瞄准上，挥杆平面更陡峭。

(2) 脚分开：保持姿势，将脚分开，两脚距离窄于肩宽，以确保向下击球。

(3) 打开脚和臀部：开放的站姿可以帮助切杆动作稳定。在目标线上，保持膝盖弯曲，背部平直。这一步骤需要球员将身体和球杆关联起来，先从脚开始，呈开放站姿，脚跟的方向远离目标线的方向，臀部也需如此。即使脚和臀部的方向不一致，球员也要保证面对的方向与目标线一致。

(4) 把肩膀放平：球员在球杆、臀部和脚的位置都放好的情况下，只需要将肩膀放平。这样在切球时球杆能直上直下，稳定在正确的目标线上。注意不要随意移动球杆，要保持肩膀和目标线的方向一致。

(5) 最终站姿：球位应靠近右脚，将一部分重量放在左脚上，从而增加切杆的稳定性，保证双手在球的前方。

图 25 切杆的站姿

3. 切杆准备和结束动作

(1) 观察果岭：球员先观察果岭，判断该如何瞄准。具体讲，就是站在球的后方观察果岭的高低起伏，当确认想要瞄准的目标时，在球的正前方目标线上找到一点进行瞄准，确认好切杆的策略，再选择合适的球杆。

(2) 在球后方握杆：握杆是击出好球的关键一步。球员应有充分的时间握杆，同时保持专注。

(3) 试挥：在球旁边区域试挥几杆，感受这一杆需要多大挥杆幅度和力度。

(4) 对齐：要谨记，在调整身体姿势之前，要先将球杆杆面放置在球的后方，确保正对目标，这对于瞄准非常重要。

(5) 姿势：站好后不要急于挥杆，先确认自己的目标，然后再挥杆，并保持结束时的姿势。要谨记，完成挥杆、送杆后，不要急着收杆，继续保持结束时的姿势，直到球在果岭上停下来，这是将挥杆长度和距离关联起来的最佳方式。一旦养成这样的习惯，就能培养出短切杆的手感。

4. 切杆的三种球位

切杆的球位大致分为三种：

(1) 球位居右：飞行距离短，滚动距离长。

(2) 球位居中：飞行距离短，滚动距离适中。

(3) 球位居左：飞行距离短，滚动距离短。

（二）劈杆

同切杆击球一样，劈杆击球也属于短打的一种，是果岭击球的常用技术。当必须将球打到距果岭较远的距离或者飞跃障碍（长草或者沙坑），甚至是绕开果岭边的一棵小树时，就要用到劈杆技术。这种技术能让球飞得更高，球落上果岭后的滚动距离也较短。

1. 选杆

劈杆击球的挥杆幅度因球飞行距离的不同而不同，球杆的选择也不尽相同，它取决于球包里特殊铁杆的数量。用于劈杆击球的球杆包括劈起杆、沙坑杆或任何一种高角度杆。高角度杆有更大的杆面倾角，因而能让球飞得更高，着陆更软。

2. 准备动作

上身自髋部前倾，背部和头颈部呈一条直线，将目标侧脚后移，与另一侧脚后跟平齐，形成更加开放的站位，双脚分开约 30 厘米，双腿略微弯曲。注意，屈膝过深会造成身体重心转移不畅，身体重心应均匀分配在双腿上，球位应该居于两脚中间或略微偏向目标侧脚。如果需要让球迅速飞起来越过障碍物，可以让球位更靠近目标侧脚。

3. 基本挥杆

劈杆击球技术包括上杆和下杆两个部分。上杆主要通过调整挥杆幅度来控制击球的距离。按照挥杆幅度可将劈杆击球分为大、中、小劈杆技术，球员在上杆时，左手臂指向 8 点钟方向的，属于小劈杆技术；左手臂指向 9~10 点钟方向的，为中劈杆技术；左手臂指向 10 点钟以上方向的，属于大劈杆技术。使用劈杆击球技术打长距离球时，要将身体重心转移到右脚的内侧；使用劈杆击球技术打短距离球、距离果岭少于 60 码时，身体大部分重心可放在左侧脚上。

球员在下杆时，向目标转动髋部启动下杆动作，同时将身体重心移向左脚。因为球离目标较远，所以需要有更快的杆头速度，以打出更远的距离，靠下肢发力能让挥杆变得更快。这就像人们在投掷时，后挥手臂能将能量蓄积在后脚上，然后随着身体重心移到前脚，就能以更大的速度前挥手臂。同样的道理，球员在劈杆击球上杆时能蓄积能量，下杆前挥时朝着目标释放能量。

球员在向目标转体时应保持头部相对静止，虽然击球后头会抬起看击出的球，但在触球之前，头的位置应保持稳定。

4. 练习步骤

劈杆练习步骤与切杆相似，均采用对齐练习方式。练习时，注意目标线和身体线。首先建立目标线，其次才是身体线，将杆放置于球的后方，瞄准目标。注意此时的目标不一定是旗杆或球洞，根据果岭的坡度，瞄准的位置需要微调。随后分开双脚，与肩同宽，这将有助于保持身体平衡。劈杆时，脚分开的宽度和全挥杆不同，杆离开地面的速度要快一些。保持右脚脚趾与目标线垂直，左脚脚趾可以和目标线有一定角度。随后打开脚和髋部，从髋部开始弯曲向前倾，保持肩部平直。

5. 技术要领

整体上，劈杆击球的挥杆幅度比切杆击球的幅度要大。一般在果岭边使用切杆击球技术较多，而在距离果岭较远或者要飞跃障碍（长草或者沙坑）时，就要用到劈杆击球技术。

（三）果岭边沙坑击球

沙坑击球主要包含果岭边沙坑击球和球道沙坑击球。沙坑有大有小、有深有浅，沙质也有粗细、干湿之分。高尔夫球随时有掉进沙坑的可能，这就需要球员掌握好沙坑击球的基本功。以下主要介绍果岭边沙坑击球基本技术。

1. 选杆

在沙坑中，球员需要综合考虑沙子的坚硬度和深度来判断击球的距离和飞行弹道，了解用哪支球杆可以使击球更靠近球洞，从而降低杆数。击果岭边的沙坑球可选用沙坑杆、劈起杆或9号铁杆等。其中，沙坑杆是专为击沙坑球面设计的，它有两种类型：一种是宽底沙杆，另一种是窄底沙杆。其共同特点是：球杆的底缘比一般的铁杆宽，有一定角度的反弹角，以便削进沙子但又不会削得太深。其中，窄底沙杆削进沙下的力量较大，击球准确度也较高，特别适于在沙质较坚硬、较湿润和沙子较浅的沙坑内使用；宽底沙杆的杆面较斜，杆头角大，反弹角度大，能很快把球从沙坑中击起，较容易使用，在深一些的沙坑和沙质为粉末状的沙坑中的作用比较大。此外，球员在沙坑中击球有时也用到其他球杆，例如，在较潮湿或沙质较硬的沙坑中打半埋半露的球时，可用9号铁杆或劈起杆。如果沙坑离果岭较远，球落在沙地表面，沙坑与地面距离相差不大时，球员可选用任何一种铁杆，甚至是号码较小的木杆，就像在球道上击球一样。

2. 握杆、站姿与瞄球

（1）沙坑击球的握杆要比普通铁杆的握杆更靠上一些，以保证顺利完成高位顺势挥杆动作，这样在击打沙面时挥杆动作不会中止。左手的小指和无名指握紧些，以保证球杆在遇到沙子的阻力时不会停下来。在击球时，球杆的握把指向皮带扣以下，手的位置稍稍靠前。

（2）采用平行开脚位站立姿势，两脚尖连线与目标线约呈30°角，让球杆杆面正对击球目标。在瞄准球之前，要左右扭动双脚，使脚底埋进沙里，以保持身体平衡。球员脚位低了，握杆也要往下移约2.5厘米，使双手更接近球。球的位置要在两脚中心靠左，身体重心偏向左脚。根据球距旗杆的距离，决定球距右脚的距离。一方面，向外打开的杆头可加大倾角，能将球托起；另一方面，向外打开的杆头较容易滑进沙里，并且能轻易滑出，有利于完成挥杆击球动作。

(3) 瞄球点是球后 2 厘米左右的沙子。球员的双脚、双膝、臀部和肩膀皆朝向目标的左方，这样的姿势有助于球员用垂直度大的上杆和下杆动作击球。

3. 准备动作

果岭边沙坑击球的准备动作如下：

(1) 将球杆悬停在沙面上方：在沙坑外时采用全挥杆握杆姿势，站好，脚并拢，将球杆悬停在沙面上方，瞄准目标。此时，球位于两脚脚趾之间。

(2) 脚分开，紧抓地面：仍旧让球杆悬停在沙面上方，双脚分开，紧抓地面，以增加稳定性和平衡性。同时将身体和球杆放低，让球偏左脚方向，这将有助于在击中球前先击中沙。

(3) 方正瞄球，建立平衡：将脚、髋部、肩膀所在平面与目标线平行，膝盖弯曲，脚向下用力，保持提臀且将背部打直，这将帮助建立身体的平衡感，并可避免运动损伤。

(4) 身体重心、手的位置：身体重心朝左脚转移，将重量稍往前移，能帮助击出陡峭的球。球位稍靠前，手稍稍位于球的后方，这是打沙坑球比较好的姿势。

图 26 果岭边沙坑击球动作准备

4. 技术要领

果岭边沙坑击球技术要领如下：

(1) 不管目标是什么，先瞄准，再调整身体和脚的位置。站直，将身体和脚所在平面与目标线平行。

(2) 在完成准备姿势后，要保持肩部平直，能让球杆直上直下，保持在正确的路径上。

(3) 要根据球距旗杆的距离，决定上杆的幅度。

(4) 在下杆时以左臂为前导，用杆头击球杆后 1~2 厘米的沙子。
(5) 顺势将球击出，在击出球后，继续向前送杆，不要急于翻腕收杆。
(6) 在练习沙坑击球时，在球与目标之间画一条目标线，多次反复练习。

五、推杆技术

推杆技术是高尔夫运动中动作幅度最小、可控性最强也最容易掌握的技术，这项技术对于高尔夫球员的技术稳定性和果岭上的适应能力要求极高。球员只有通过对不同果岭的观察，将路线和球速紧密联系起来，才能控制整个推杆过程。对于大多数高尔夫球员来说，推杆占一轮比赛总杆数的 50% 左右，往往决定比赛的胜负。但是，对果岭速度和拐点的研判需要日积月累才能掌握。

（一）推杆准备动作

1. 握杆步骤

前面我们讲过其他球杆的握杆方法。推杆的握法与其他球杆的握法有较大区别，而且千奇百怪，选择最舒适的握杆方法将有助于提高推杆表现。

在推杆的握杆方法中，反向重叠式握法最为常见。下面以右手球员为例学习这种握杆方法。

(1) 将两只手掌正对，这样做能更好地让推杆笔直，且更稳定地掌控推杆。
(2) 将手分开。右手向杆头方向移动仍旧保持两只手掌正对；在这一过程中，不要转动杆身和杆头，杆头转动，将导致瞄准方向偏离球洞。
(3) 将左手向下握住球杆，大拇指对准杆身正中，握把处于掌心。
(4) 右手手掌对准左手手掌，右手大拇指和左手大拇指一样，都对准杆身正中，两个大拇指平行放在握把上面，左手食指伸出搭在右手手指上。
(5) 检查一遍，看看左手食指和右手小拇指的关系，不要过度交叉，否则会影响左手的稳定性。

2. 站姿

(1) 平行式站姿：这是最常见的推杆身体姿势，其脚趾、膝盖、臀部和肩膀的连线都和目标线平行，同时，杆面方正且和目标线垂直。
(2) 开放式站姿：即左脚脚尖稍退后而右脚尖在线上的站立姿势，尽管臀部、脚和膝盖的连线不和目标线平行，但是肩膀始终保持与目标线平行。如果肩膀是开放的，那么送杆角度将朝向目标线的左侧而非正对目标线。一些知名球员，如杰克·尼克劳斯喜欢采用开放式站姿。
(3) 闭合式站姿：即右脚尖稍退后而左脚尖在线上的站姿，脚趾、臀部和膝盖的连线在身体前侧，与目标线形成夹角，肩膀始终保持与目标线平行，同时，杆面方正且和目标线垂直。

球员无论选择哪一种站姿，都一定要保持肩膀与目标线平行，否则将极大地影响推杆的准确度。

3. 瞄准

这里的瞄准指的是瞄准洞杯。先瞄准目标，根据目标调整身体姿势，才能让球向着目标线滚动。推杆是打球中最考验准确度的部分，推杆对成绩的影响显著，在这一过程中，保持身体的持续稳定至关重要。青少年球员们可以通过对齐练习反复练习瞄准，找到目标线，将杆面方向对准目标，保持肩膀与目标线平行。

4. 调整

握好杆，将杆头放在球的后方，先瞄准杆头方向。最开始别担心脚和身体的姿势，在调整好杆的位置后，可以顺其自然地协调站姿和身体形态的关系。

图 27　调整动作

（二）推杆技术要领

了解推杆的技术要领，能让推杆学习更简单。在整个推杆过程中，球员主要通过推杆的幅度控制距离，且推杆大部分时候是紧贴地面的。

这里有几个推杆学习的要领：

1. 准备动作

在推杆过程中，准备动作至关重要。其核心是在整个推杆过程中，手臂和肩膀形成并始终保持呈稳定的形态，如三角形或五角形。

2. 上杆

要使用包括手腕、肩部乃至整个手臂的力量击球。手臂和肩膀保持稳定的形态，如三角形或五角形，下半身要保持稳定，避免移动臀部、膝盖和脚。同时，头部也要相对固定，眼睛盯着球而非球杆。

3. 后摆杆和击球

当后摆杆到一定程度时，用上臂的力量将推杆以钟摆摆动形式击向球。手臂和肩膀仍旧保持稳定的形态，如三角形或五角形，下半身和头部保持不动。左臂、手腕和手需要呈平直的一条线，这是保持击球稳定性的法宝。

4. 送杆

送杆和上杆动作一致。保证手臂和肩膀呈稳定的形态，如三角形或五角形，下半身不动。头部在推球时保持低下，左手腕保持平直。在推杆的整个环节，球员都要注视着球。

第 4 节 高尔夫球场

一、高尔夫球场组成

高尔夫球场是由草地、湖泊、沙地和树木等自然景物，经球场设计者的精心设计、创造，展现在人们面前的艺术品。由于高尔夫球场是依据原场址地形、地貌而设计建造，因此，世界上几乎不存在完全相同的高尔夫球场。

图 28 高尔夫球场

一个标准高尔夫球场占地面积一般为60~100公顷（0.6~1平方千米）。

按照内部区域和功能的不同，高尔夫球场主要分为会所区和球场区。

（一）会所区

会所区作为高尔夫俱乐部的中心，是整个高尔夫球场的管理中枢，也是球场接待、办公、管理、后勤供应的场所。会所区一般由主楼、停车场、练习场等组成。

会所主楼一般设有接待处、球童室、存包室、高尔夫专卖店、租赁部、会客室、公共娱乐区、餐厅、酒吧、浴室、休息室、更衣室、会议室等为球员提供服务的设施。这里常被球员称为"第十九洞"。

停车场设在主楼旁边，供球员来俱乐部打球停车之用。停车场的大小取决于来球场打球的客人数量。停车场一般设有面积充裕的停车位，并能满足周末打球高峰的车位需要。

练习场设有挥杆练习场和练习果岭，一般靠近一号洞和十号洞发球台，主要供球员打球前热身、熟悉球技及初学者练习球技之用。

（二）球场区

球场区是整个高尔夫球场的主体部分，一个标准的高尔夫球场一般有18洞，分为前九洞和后九洞，每个球洞由发球台、球道、障碍区、果岭等组成。

1. 发球台

发球台，也称tee台，是每个洞开球的草坪区域，略高于球道地面，为平台式或阶梯状修理平整的草皮。发球台上设有两个发球区域标记，相距5码左右。一般有黑、蓝、红、白四种不同颜色的tee台，适用于不同人群。

图29 高尔夫发球场——发球台

黑色标记处供男子职业球员发球使用；蓝色标记处供男子业余球员及女子职业球员发球使用；红色标记处供女子业余球员发球使用；白色标记处供男子或女子初学业余球员发球使用。

2. 球道

球道（Fairway）是球场中面积最大的部分，是指连接发球台与果岭之间较利于击球的草坪区域。球道两侧一般保留了原有自然起伏的地形以及防止越界的缓冲栽植，球道中有不常修剪的草地、灌丛、土丘、池塘、水道、沙坑等障碍物，以增加球员挥杆的难度，丰富打球体验，营造景观层次。

标准高尔夫球场为18洞72杆，即在18个球洞中有4个短杆洞、10个中杆洞和4个长杆洞，标准杆数为$(4×3)+(10×4)+(4×5)=72$，其标准杆数的总和为72杆。

球道中的界桩是用来标记球场界线或场内某些区域的界线。按颜色来区分，被广泛使用的有以下几种类型：

(1) 白色桩：标示或代表界外。

(2) 黄色桩：标示或代表水障碍区。

(3) 红色桩：标示或代表侧面水障碍区。

3. 障碍区

障碍区包括水障碍区、沙坑、长草区、树林区等。

图30 高尔夫球场——障碍区

球场中的湖面、池塘、河流、小溪、沼泽地或其他开阔水面等影响打球的水面，不管其中是否有水，都被称为水障碍，它让击球变得非常困难。水面障碍会影响球员的击球和打球战略,是构成球道战略性和挑战性的主要因素。

沙坑是四周被草坪围绕、中间被沙子覆盖的凹陷地,它是球场障碍区的一个主要组成部分。沙坑的沙子一般为浅颜色,如白色、褐色等,与周围的绿草能形成鲜明的对比,从而使球场景观更加优美。

4. 果岭

果岭(Green)是每一洞设置球洞和放置洞杯的一块特殊的草坪区域,是经过精心雕琢的短草草坪。每洞一般要在果岭上打两杆,也就是说,在18洞、标准杆为72杆的球场上,有一半的杆数(36杆)要在果岭上进行,此外再加上击球上果岭的一杆,72杆中就有54杆和果岭相关。也就是说,总标准杆数中75%的杆数都与果岭有关,因此,果岭的设计、建造和养护是非常重要的,其重要性是球场区其他部分所无法比拟的。

果岭上设有球洞,球洞中有一个供球落入的金属或塑料杯,杯内插有一面指示果岭位置的旗杆,在旗子上标有每个洞的序号,能为远离果岭的球员指明方位。

球洞由专门的打孔器设置,直径10.8厘米,深度至少为10.2厘米。可根据需要,在果岭上更换球洞地点。美国高尔夫球协会果岭委员会(USGA)建议,球洞离果岭边缘至少有5步的距离。如果到达果岭的球必须越过果岭边缘的障碍物,这个距离还要大一些。

旗杆是设置在球洞中心带旗帜、可移动的杆,高度一般为1.8~2.5米。旗杆常涂黄色或红色,以便与草坪的绿色背景形成强烈反差,容易被发现。

图31 高尔夫球场——果岭

二、上海高尔夫球场介绍

1. 上海佘山国际高尔夫俱乐部

佘山国际高尔夫位于上海松江区佘山国家旅游度假区，是"世锦赛·汇丰冠军赛"的诞生地，该赛事已成功举办12届。2009年，此赛事升级为世锦赛，2013年，赛事纳入美国高尔夫职业巡回赛赛程。目前，该赛事总奖金额高达975万美金，赛事积分被包括美国巡回赛、欧洲巡回赛在内的世界六大巡回赛所承认。佘山国际高尔夫俱乐部自开业以来屡获国际殊荣，更被美版《高尔夫大师》评为2018—2019年度世界百佳球场第62位。其所承办的"世锦赛·汇丰冠军赛"更让佘山高尔夫为世界所瞩目，不仅推动了高尔夫运动在中国的发展，也为提升城市形象、促进区域发展做出了贡献。

2. 上海旗忠花园高尔夫俱乐部

上海旗忠花园高尔夫俱乐部成立于1995年，于1999年10月开始营业。2011年10月，球会俱乐部经改造后于2013年7月重新开业。球场占地面积1050亩（0.7平方千米），是一所标准18洞锦标赛级球场。球场18洞，全长7208码，标准杆72杆，是上海地区高端会员专属高尔夫俱乐部。

3. 上海美兰湖高尔夫俱乐部

上海美兰湖高尔夫俱乐部是沪上唯一享有国家发改委颁发的"中国著名小城镇"和联合国开发计划署颁发的"试点城镇"美誉的罗店北欧新镇，占地6.8平方千米，是上置集团巨幅规划、重金打造的宝山地界又一城市名片，拥有美兰湖皇冠假日酒店、美兰湖国际会议中心、美兰湖高尔夫球场等完备配套设施，距离市中心人民广场28千米，40分钟车程就能让高尔夫运动走入都市生活。

4. 上海览海国际高尔夫俱乐部

上海览海国际高尔夫俱乐部是由尼克劳斯与其长子尼克劳斯二世联名设计的两个18洞国际级锦标赛高尔夫球场，位于崇明东滩滨江休闲区核心区，总占地面积为3700亩（约2.5平方千米），可为不同等级的选手带来不同的激情与挑战。它是与当地自然条件融为一体的国际锦标赛级标准生态球场。

5. 上海棕榈滩海景高尔夫俱乐部

上海棕榈滩海景高尔夫俱乐部位于上海奉贤海湾旅游度假区，由上海市百强民营企业之一的同丰控股公司全资投建，球场占地2022亩（约1.35平方千米），以全长7288码的18洞72杆国际标准锦标级球场为主体。面对浩瀚东海万顷碧波的杭州湾，紧邻碧海金沙、黄金海岸、海洋公园，兼备丰富的海景资源及完整的自然生态区，是自然生态型球场的典范。

第 5 节 高尔夫赛事

一、高尔夫赛事类型

高尔夫赛事可从比赛类型、比赛规模、主办方和比赛性质进行划分。

（一）以比赛类型划分

高尔夫比赛分为比杆赛和比洞赛两大类型。

1. 比杆赛

比杆赛是以打完比赛后杆数多少排名次，杆数最少者为优胜。一般比赛至少为1轮，职业比赛为4天4轮。

2. 比洞赛

比洞赛是以每一个洞为单元来决定输赢的比赛，每一洞杆数最少的一方即为该洞的获胜者，当一方的领先洞数超过未打的洞数时，则该方获胜，比赛结束。比洞赛一般为18洞比赛，但也有两轮36洞的比赛。

（二）以比赛规模划分

按照比赛规模，高尔夫比赛大体可分为三大体系，即男子职业高尔夫球巡回赛、女子职业高尔夫球巡回赛和区域对抗赛。

1. 男子职业高尔夫球巡回赛（PGA）

按规模、奖金和影响力排序可为：美国巡回赛、欧洲巡回赛、日本巡回赛、南非巡回赛、澳大利亚巡回赛和亚洲巡回赛。

2. 女子职业高尔夫球巡回赛（LPGA）

主要山美巡赛、欧巡赛、亚巡赛、日巡赛和韩巡赛组成。

3. 区域对抗赛

区域抗赛中，最具规模和影响力的比赛即每年一次的莱德杯和总统杯两大赛事。莱德杯赛是欧洲选手和美国选手的团体对抗，总统杯是除了欧洲选手以外的世界一流选手与美国队的对抗赛，其世界队和美国队的选拔方式与莱德杯相同，比赛的赛制也相同。

二、高尔夫四大满贯

职业高尔夫"大满贯"的说法最早是由高尔夫球名将阿诺德·帕尔默（Arnold Palmer）提出来的。只有在高尔夫四大公开赛中全部取得冠军头衔，才能获得"大满贯"殊荣。但"大满贯"实在来之不易，因此后来又出现了一个新词——"生涯大满贯"（career grand slam），就是说，只要在不同年份获得过四大赛事的冠军，就能获得"生涯大满贯"殊荣。

图 32 高尔夫四大满贯奖杯

要获得"大满贯"殊荣，必须赢得以下四大赛事：美国大师赛、美国公开赛、英国公开赛和美国 PGA 锦标赛。

1. 美国大师赛

美国大师赛（Masters Tournament）于 1934 年创办，每年 4 月在美国佐治亚洲的奥古斯塔球场（Augusta National Golf Club）举行。该球场自 1934 年以来即为美国大师赛永久性比赛场地。美国大师赛是世界高尔夫第一赛事，其总奖金和冠军奖金首屈一指，是四大赛中最高的。

2. 美国公开赛

美国公开赛（U.S. Open Championship）于 1895 年创办，全称是美国公开锦标赛，每年 6 月在美国的不同球场举行。该赛事由美国高尔夫协会（USGA）主办，是高尔夫球界最有权威但最难获胜的赛事，职业和业余球员均可参加。比赛分 4 天举行，每天打 18 洞，共 72 洞。

3. 英国公开赛

英国公开赛（The Open Championship）于 1860 年由英国职业高尔夫球协会创办，是世界上历史最悠久的高尔夫球赛事，每年 7 月举行，全称是英国公开锦标赛。第一次世界大战后，该公开赛由英国"皇室古典高尔夫俱乐部"（Royal and Ancient Golf Club）主办，直到现在。英国公开赛是四大赛事中参赛人数最多的一个。比赛为分 4 天，共打 72 洞比杆赛。

4. 美国 PGA 锦标赛

美国 PGA 锦标赛（PGA Championship）于 1916 年创办，由美国职业高尔夫球协会（PGA）主办，每年 8 月举行，是四大赛事的最后一项赛事。优胜者终其一生可不经预赛即参加 PGA 主办的比赛。非会员没有资格参赛。该赛事 1957 年以前采用比洞赛，1958 年以后改用比杆赛。PGA 锦标赛在四大赛事中奖金总额居第二位，冠军奖金额仅次于美国大师赛，列第二位。

三、高尔夫赛事计分

（一）计分术语

高尔夫赛事有不同的计分术语。

Triple Bogey	高于标准杆三杆入洞
Double Bogey	高于标准杆两杆入洞
Bogey	高于标准杆一杆入洞
Par	平标准杆入洞（标准杆）
Birdie	低于标准杆一杆入洞（小鸟球）
Eagle	低于标准杆两杆入洞（老鹰球）
Albatross（Double Eagle）	低于标准杆三杆入洞（双鹰球）
Hole in One	开球一杆入洞

图 33 高尔夫比赛计分图

（二）差点

一般来讲，差点是一个业余球员在某一球场的打球成绩与标准成绩之间的差距，是高尔夫球运动所特有的能够体现业余球员潜在打球能力的数值。推出差点系统的目的是允许球技水平不同的业余高尔夫球员能在任何球场公平竞争，提高业余比赛的公平性和正规性，从而使高尔夫球运动更加富有乐趣。

业余球员的实际成绩与标准成绩的差距越小，该球员的差点越低，说明其球技水平越高，比赛成绩越接近标准杆。

比洞赛：球员得到自己的差点后，就可决定其与其他球员之间的让杆数及在哪几个洞需要让杆。业余球员之间的差点之差就是在球场上获得的让杆数，也就是需要让杆的洞数。

比杆赛：球员在提交记分卡时将自己的差点准确写在上面即可，计算分数则是赛事组委会的事。其成绩是由总杆（包括所有罚杆）减去差点所获得的净杆成绩。

思考题
(1) 高尔夫运动的含义是什么？
(2) 全挥杆技术要领有哪些？
(3) 高尔夫赛事的计分术语有哪些？

第 2 章 球童服务基础知识

本章导读

球童是球员的亲密伙伴，是球场上的润滑剂，是高尔夫俱乐部的重要组成部分。在胜任球童岗位之前，我们要对球童的起源、岗位职责、服务礼仪与规范、服务意识等知识有所了解，这将有助于我们成为一名合格的球童。

【知识目标】

- ◆ 了解高尔夫俱乐部的组织管理策略
- ◆ 了解球童的起源与发展现状
- ◆ 了解球童的岗位职责

【能力目标】

- ◆ 掌握球童服务礼仪与规范
- ◆ 培养良好的服务意识

第 6 节 高尔夫俱乐部概况

一、高尔夫俱乐部经营管理模式

高尔夫俱乐部主要有以下三种经营管理模式，它们分别是：公众型高尔夫俱乐部、商业型高尔夫俱乐部和会员制高尔夫俱乐部。

（一）公众型高尔夫俱乐部

所谓公众型高尔夫俱乐部，就是面向全社会开放的高尔夫球场，不发行会员证是它的一个重要标志。公众型高尔夫俱乐部的发展历史最早，它发端于苏格兰圣安德鲁斯城旁边的东海岸上。在苏格兰，高尔夫运动不分等级，直至现在，还延续着这种平民运动。

美国的公众型俱乐部的概念稍有不同，它主要包括：日收费球场、半私人球场、市政球场和军用球场四种。日收费球场其实就是业主所有制公众球场；半私人球场类似于我国的半封闭球会；市政球场和我们定义的公众型球场最为相同，这类球场一般由政府支持建造，并以较低收费向附近居民开放，目前只有深圳龙岗公众高尔夫球场具备了公众型高尔夫球场的雏形，完全低价面向市民开放。

（二）商业型高尔夫俱乐部

商业型高尔夫俱乐部的发展历史较短，它发端于 20 世纪初期的苏格兰。经营理念以商务为主，定期或不定期地组织各种商务活动，为俱乐部成员提供交流的场所和机会。

中国高档次的高尔夫俱乐部多采用商业型，集商务、健身、社交于一体。华丽的会所、设备齐全的会议室和融入了现代科技的娱乐健身设施为客户提供了最佳的宴请、休闲和社交场所。这类高尔夫俱乐部设施条件一流，受当地打球人口限制，或仅依靠销售会员证难以维持经营，需要通过整合酒店、旅行社等市场资源以共同设计产品，吸引本地以外乃至国外的旅游者和度假休闲客人。俱乐部依靠旅游度假者的到访弥补本地打球人口的不足，并设法争取让游客成为其主要打球客源。

（三）会员制高尔夫俱乐部

会员制高尔夫俱乐部是目前高尔夫俱乐部中最常采用的经营管理模式。俱乐部实行"会员邀请入会制"，入会者需由 1~2 名原有会员推荐，经俱乐部董事局或理事会批准，交纳会费及年费后才能取得会籍。加入这种类型的俱乐部需要相当大的费用支出，入会费一般在 3 万~5 万美元之间，会员每年交纳的年费约为 1500 美元。

而取得会籍成为会员后，每位会员的会籍都是家庭会籍，也就是说，会员的配偶及其 12 岁以下未成年子女也都能成为会员，享受会员待遇。

自高尔夫运动传入中国后，绝大多数高尔夫俱乐部采用了"会员制"（或称俱乐部制）的经营模式，其主要原因是会员制模式具有较好的集资功能。

会员制高尔夫俱乐都主要集中在上海、北京、广州、深圳、珠海、厦门等经济发达城市。这类城市高收入阶层人数庞大，俱乐部会籍销售的一级市场、二级市场十分稳定。

二、高尔夫俱乐部经营管理结构及要素

高尔夫俱乐部的组织结构关系到俱乐部的资源配置和职权分配，关系到高尔夫俱乐部的管理水平和经营目标的完成程度。目前，高尔夫俱乐部的组织管理结构主要为直线型。这种组织结构是最早使用也是最简单的一种组织结构类型。其特点是：每个主直线型组属行使管理职权；实行层级负责制；同一管理层面属于横向协调关系；一般适用于中小型高尔夫俱乐部。

高尔夫俱乐部经营管理的要素是俱乐部投入生产经营过程中的各种资源，它是高尔夫俱乐部正常运转必不可少的客观条件和物质基础。主要包括高尔夫球场、高尔夫会所、高尔夫会籍及高尔夫人力资源。

第 7 节 球童的起源与发展

一、球童的起源

球童是（Caddie），是指在打球时为球员携带和管理球杆，并按照规则帮助球员打球的人。

"球童"一词背后有着非常有趣的故事：16 世纪末，苏格兰的玛丽女王非常热衷于高尔夫运动，经常往返于苏格兰和法国两地的她常与当地皇室一起打球，而在法国的皇室里，贵族们喜欢让军队里的军校生"Cadet"来为他们背球包，所以，当玛丽女王 1561 年返回苏格兰的时候，就把这个词一起带回了故乡。从此，这个词开始在英国流传，之后就被简化成了球童（Caddie）。

而使 Caddie 这个词正式以书面形式被记载的却是一个平常百姓。住在爱丁堡附近的安德鲁·迪克森（Andrew DiXon）是一个做高尔夫球的工匠，曾经在林克斯

球场的一场小比赛里给约克公爵背过球包，流传下来的有关他的记录里，第一次出现了"球童"这样的词，之后，"球童(Caddie)"才开始在爱丁堡和苏格兰其他大城市里流传起来。

图 34 高尔夫球童老照片

二、球童的发展

随着高尔夫运动的发展，职业球童开始出现。他们研究风向、场地条件和草地状况对球员可能产生的影响，并能很快了解球员打球的方式，在球场上起到了引导的作用，并日益成为球员们的得力助手。他们不再是普通球童，而是选手团队中非常重要的组成成员。一个专业的、有经验的球童能够帮助球员制定全局规划、每一洞的打球攻略，能够报出精确的码数，判断每洞的线路，了解果岭的状态和旗杆的位置，甚至还可以为选手提供心理支持，在必要的时候帮助稳定选手的情绪。

对于一个职业选手来说，和球童在一起的时间往往要超过其家人，因此彼此的关系也就弥足珍贵，很多选手都有自己的球童，并建立了长久的合作关系，有些选手甚至在离开自己的球童之后遇到了"打球障碍"。而在 PGA 巡回赛上，大牌球星的球童们会受到更多尊重，比如伍兹的幸运球童威廉姆斯就一向被认为是当今球童界的第一红牌。球童的收入也直接和他们对选手的帮助大小挂钩。2004 年，陪维杰·辛格一起走上世界第一位置的球童大卫·任威克，就凭借当年的努力赢得超过百万美金的年收入。

三、球童的作用

在高尔夫运动中，球童的态度常常会影响客人对该俱乐部的评价，这是因为在整个球场中，只有球童和客人相处时间最长，他们的笑脸、说话用语、服务意识等将直接影响客人打球的心情和成绩，所以，球童的任务是多样性的。

球童是球场的颜面。由于客人一般一个月仅到球场一两次，所以在服务中，球童应保持笑颜迎人，让客人拥有轻松愉快的打球心情，高兴而来，尽兴而归。

球童是球员的好帮手。作为一名优秀的帮手，应该诚恳地、适度地给予客人帮助和建议，在客人没有服务需求时，即便自己的相关知识十分丰富，也不能给予客人不需要的建议，服务要适度。

球童是球员亲密的战友。球童是一场比赛的导航者，不仅要对球场了如指掌，还要对球员的技术、球路、性格、心理等了如指掌，与球员并肩作战，共同完成比赛，共同分享胜利的喜悦。

图 35 高尔夫球童

四、球童的职业优势

（一）收入相对较高

在美国巡回赛中，职业球童不是赛事组织方的雇员，他们仅为客人工作，所以每个球童的待遇是不一样的。大多数职业球童的标准薪酬是每周 1000~1500 美元，另外还有客人所获奖金5%的提成。在某些情况下，如果客人进入前十名，球童将拿到奖金总额7%或8%的提成；如果客人夺冠，则是10%的提成。以泰格·伍兹的专属球童为例，他的球童每周的固定薪水为1000美元，外加伍兹所得奖金8%的提成；如果伍兹排名在前十名，则增加为9%；如果伍兹获得冠军，则提成为10%。因此，如果客人比赛成绩好的话，球童的收入是相对可观的。

在我国，业余球童收入构成为：基本工资+出场费+其他补助+小费。据初步调查，上海球童平均月薪在7500元左右，等级高的球童月收入过万，远远超过其他服务行业。球童工作的确能给有志青年创造获取高薪的机会。

（二）工作环境好

高尔夫球场多在城郊，阳光明媚，空气清新，绿树成阴，景色优美。球童每天都在空气新鲜的绿草地上工作，工作环境十分优越。

（三）成功机会相对较大

球童每天接触成功人士，不仅能锻炼社交能力，还可以培养和锻炼全局服务理念，是企业中高级管理人员的最佳人选。此外，球童闲暇时可免费练球，这一职业为有意成为职业球员或职业教练的人提供了绝佳条件。

据相关报道，有很多成功的管理者都是从高尔夫球童岗位开始工作的，如李泽楷在球场当了3年多球童经理，使他悟出了不少灵活变通的人际交往道理，并为他日后经商练就了坚毅不屈的性格。这类成功的管理者还有通用电气前CEO杰克·韦尔奇等。许多成功的高尔夫职业球员也是从做高尔夫球童开始自己的事业的，如张连伟和梁文冲等。

第8节 球童的岗位职责

一、岗位素质要求

（一）身体素质

高尔夫运动是一项拼体力的运动，球童每次陪伴球员打完一场球，需4小时左右的时间，步行近10千米，无论严寒酷暑，还是风雨交加，球童都要始终伴随在打球者左右。因此，这项工作对球童的身体素质有较高的要求，要求球童有健康的体质、旺盛的精力，身体素质过硬。

图 36 高尔夫球童

（二）心理素质

球童应能承受一定的工作压力，能较好地调节情绪，善解人意，能与人良好沟通与交流。球童的服务对象是不特定的，每个球员的性格不同，打球技术不同，球场的天气也会阴晴不定，这些都会影响球员的技术发挥。如果球员技术发挥欠佳，球童应给予充分理解，并用合适的用语来调节气氛。如果服务不当，球童很可能会成为球员迁怒的对象，这时，球童应大度地表示谅解并帮助球员分析问题，以便在以后的比赛或练习中避免犯类似的错误。无论受到多大的委屈，球童都应坦然承受，而不能当面和球员顶撞。

（三）文化素质

高尔夫运动的特点，决定了球童要经常和球员沟通，而沟通的关键是语言。球童必须具备一定的文化素养，熟悉并能理解、运用高尔夫运动规则，有一定的理解力，普通话流利，能正确表达内心的感受。此外，球童至少要懂一门外语，能熟练掌握中英双语高尔夫常用术语。

（四）职业素质

准备要充分。出发前要仔细检查有关事项，观察天气，并提醒球员有关备忘事宜，专心对待球员，不能有任何怠慢。

待人有风范。不将个人情绪带到工作中，不随意评价球员技术，更不得和球员顶撞或吵架，时刻保持高尔夫球童应有的工作风范。

服务要专业。在发球台及果岭，要帮助球员擦拭高尔夫球；当球员在发球台发球时，要站在适当位置处，不能影响球员打球；持果岭旗杆时应专心致志，将旗杆扶正，使球员能准确瞄准球洞而不发生偏差；对任何球员都要一视同仁，不能因球员的外貌、年龄、技术等不同而影响服务态度。

二、岗位职责要求

（一）关于球场

(1) 球童对球场特别是场地内的情况应了然于胸。要熟悉球道中的各种设施和服务，对球道的布局，球道的走向，障碍区和果岭速度，界外线的分布和长度等各种情况都要做到心中有数。

(2) 球童必须具备保护球场的意识，随身携带有关工具，如沙袋、沙耙和修理弹痕用的果岭叉等，随时随地对场地进行维护。

(3) 球员打球时往往会打掉草皮，球童要根据情况进行处理：如果草皮已经被打碎，应将打碎的草皮拾起放在自己所背的沙袋内，打痕处则要补足沙子，填平；如果打掉的草皮比较大且比较完整，一定要先放回打痕内再用沙子铺平。当球员离开沙坑后，应将沙坑内所有的坑穴和足迹仔细修整复原，还原沙坑的障碍设施。至于球场上因高尔夫鞋钉造成的损伤，以及球上了果岭后所形成的弹痕，都应及时予以修复。

(4) 球童应确保在放置旗杆或其他物品时不伤及果岭，在靠近球洞的位置持旗或将球由球洞中取出时，应注意避免损伤洞杯。球童在服务过程中应提醒客人不能将电瓶车开上球道压伤草皮，应严格遵守球场有关规定。

（二）关于球员

(1) 帮助球员保管、清洁球具。在一轮比赛开始前和结束后，球童都应与球员当面核对所有球具(包括携带品)，并通报给对方，保证将球具清洁、完整地交还给球员。

(2) 帮助球员看清球的行进方向和落点，并协助球员寻找和辨认球。

(3) 对高尔夫运动术语、场地难度及规则有基本了解，帮助球员在出现问题时采取措施进行补救。

(4) 对高尔夫运动的基本战术有一定了解和体会，在需要时帮助球员纠正出现的问题。

(5) 球员对场地不熟或出现判断失误时，球童应及时提供球道相关信息，如有必要，可对球杆的选择以及击球线路和打法提出专业建议，供球员参考。

(6) 在球员击球上果岭后，球童应及时做球标，将球拿起擦净(正式比赛由球员自己完成)。帮助球员观察球道区的起伏变化，确认最佳推击线。但在向球员示意推击方向时，不得触及推击线。按球员吩咐照管或拔起旗杆。

(7) 球童在照管旗杆时，应注意不要让球员的球碰到自己及随身携带品，也不要碰到旗杆。当球员的球在果岭外时，球童应按照球员指示拔旗杆。

⑻ 好的球童善于观察，能正确判断出球员的实际水平，善于帮助球员稳定情绪，增强球员的信心，尽快与球员默契配合。

⑼ 球童有帮助球员记分的义务。球童应随身携带记分卡，在每洞结束后，向球员通报分数，并在一轮结束后将此轮的分数与球员进行核对。

⑽ 在球道中，一组球童之间应避免相互聊天、闲谈或说笑。球员击球时要保持安静，不走动、说话和拿杆。

第9节 球童服务礼仪与规范

一、基本服务礼仪

（一）时间礼仪

守时，是高尔夫球员和球童必备的职业素质之一。提前预订打球时间有利于球会管理与运营。俱乐部的发球时间在周末和节假日都排得很紧凑，不可能因某个人或某组迟到而拖延整个出发时间。球童应至少在预订发球时间30分钟前抵达会所，并提前10分钟到达出发站等候工作人员通知开球。如果同组的球友迟到而需要等其一起下场时，要通报出发台另外排组。任何时候都要服从俱乐部出发台的安排，如有不同意见，可适时以正当途径向俱乐部投诉，任何时候都不能干扰俱乐部的正常管理和其他会员的打球次序，更不能强行上场开球。

（二）问候礼仪

高尔夫被称为绅士运动，在第一洞开球之前，应主动与同组球友作自我介绍并握手问候，祝对方好运。在球友开出好球后也别忘了喝彩，喊上句："好球！"

（三）次序礼仪

开球时，如果是平日较随意的打球，在第一洞发球台，同组球友可以协商决定开球顺序。若是男女混合组，且球员均使用同一发球台，应请女士优先击球。在较正式的比赛中，如事先没有编排分组表，可采用抽签的方式，或是按照差点高低让低差点球员先发球。在球道中，通常情况下距离球洞最远的球员先击球。当然，如果同组球员事先商量好，也可以让已经准备好的球员先击球。

（四）区域礼仪

在发球台，不击球的请靠边站、保持安静、用心观看同组球友击球，让球车远离发球台；在打球通道，正确处理削起的草皮断片和打痕，控制好打球速度；在果岭区，及时修复球下落造成的果岭表面损伤，不破坏别人的推击线，确保正在推球的同伴不受干扰，不要在果岭上停留过久。

图 37 服饰规范

二、仪表规范

(1) 着装要清洁整齐。上班要穿工作服，保证工作服整齐干净，纽扣要齐全，不敞胸露怀、衣冠不整；不能将衣袖裤子卷起，女工作人员穿裙子时不可露出袜口，应将衣服下摆扎在裤子里。

(2) 仪容得体。女工作人员不涂有色指甲油，发式符合要求，男生不留长发，女生不留怪异发型，头发梳洗整齐，不披头散发。

(3) 保持个人卫生。男生每天刮胡子，鼻毛不出鼻孔。手部清洁，早晚刷牙，饭后漱口。勤洗澡防汗臭。上班前不吃异味食品，不喝含酒精的饮料。

(4) 保持良好的精神状态。休息充分，睡眠充足，常做运动，保持良好的精神状态。

(5) 女生淡妆打扮。女生上班一律化淡妆，切勿浓妆艳抹。不戴手镯、手链、戒指、耳环及夸张的头饰。戴项链不外露。不戴有色眼镜。

(6) 表情自然。在为客人服务时，要给人亲切感和真诚感，面带微笑，和颜悦色，注意倾听，给人以受尊重之感。坦诚待客，不卑不亢，沉着稳定。

三、仪态规范

站立端正，挺胸收腹，眼睛平视，嘴微闭，面带微笑，双臂自然下垂或在体前交叉，保持随时为客人提供服务的状态。女生站立时，双脚并拢或呈丁字形，双膝和脚后跟要靠紧；男生站立时，双脚呈 V 字形，或双脚分开与肩同宽。

图 38 正确站姿

站立时,身体不可东倒西歪。双手不叉腰、不插袋、不抱胸。

图 39 错误站姿

走路时,步态轻而稳,昂首,挺胸,收腹,肩平,身直。不摇头晃脑,不左顾右盼,不手插口袋,不打响指,不吹口哨,不吃零食,不与人拉手,不奔跑跳跃。男生不扭腰,女生不晃臀。

图 40 正确走姿和错误走姿

行走时，靠右行，尽量不走中间。因工作需要必须超越客人时，要礼貌致歉，说声对不起。客人迎面走来或上下楼时，要主动为客人让路。与上级、宾客相遇时，要点头致意。与上级、宾客行至门前时，应主动开门让宾客和上级先行。引导客人时，应走在客人斜前方；上楼时，客人在前，下楼时，客人在后。三人同行时，中间为上宾。在人行道上，让女士走内侧，以便让她们有安全感。

手势是最有表现力的一种"体态语言"。在给客人指引方向时，手指自然并拢，手掌向上，以肘关节为轴，将小臂抬起，向要指的方向伸出前臂。上身微前倾，面带微笑，面向客人，兼顾客人是否会意。

图 41 为客人指引方向

和客人交谈时，手势不宜过多，幅度不宜过大，否则会有画蛇添足之感。一般来说，手掌掌心向上的手势是虚心的、诚恳的，在介绍、引路、指示方向时，都应掌心向上，上身稍前倾，以示敬重。在递给客人东西时，应用双手恭敬地奉上，不能漫不经心地一扔，不能用手指或笔尖直指客人。

当客人走到面前时，应点头主动问好。点头时，目光要看着客人。当客人离开时，身体应微微前倾，用敬语道别。

第 10 节 球童服务意识

一、服务意识的内涵

服务意识，是指企业全体员工在一切与企业利益相关的人或企业的交往中所体现的为其提供热情、周到、主动服务的欲望和意识，即自觉主动做好服务工作的一种观念和愿望，它发自服务人员的内心。

服务意识有强烈与淡漠之分,有主动与被动之分。这是认识程度问题,认识深刻,就会有强烈的服务意识;有了强烈展现个人才华、体现人生价值的观念,就会有强烈的服务意识;有了以公司为家、热爱集体、无私奉献的想法,就会有强烈的服务意识。

服务意识是发自内心的一种本能和习惯,它是可以通过后天的培养、教育和训练形成。只有提高对服务的认识,增强服务意识,激发起人们在服务过程中的主观能动性,搞好服务才能有坚实的思想基础。

二、服务要求

(一) 用心服务

1. 自信热情

积极的心态自然会产生积极的服务态度,自然会采取积极的行动,对任何事也就会更多地从积极的一面去思考。对球童而言,在内心树立"我是一流球童"的信念,工作时自然就会信心百倍,自然能更出色地完成任务。

2. 准确快捷

平时要苦练基本功,能准确判断距离,能准确看线,能把握打球的节奏。同时,尽可能掌握客人的偏好或特点,有针对性地提供准确、细致、体贴入微的对客服务,提高客人的打球效率。

图42　准确判断距离

3. 细致周到

在场地服务中,球童的服务是否专业到位,能否提供及时周到的服务,能否捕捉到场地的细微变化,对客人的成绩会产生很大的影响。球童必须事先做好各项工作准备，提供场地服务时能眼观六路、耳听八方，为客人服务时才会得心应手，才能让客人真正感受到来球场打球是一种享受。

4. 认真耐心

为了满足客人的消费需求，球童要想方设法利用专业知识和技能，尽心尽力地为客人提供最大的便利和服务。在球场上，任何时候都要为客人着想，对不同球技、不同性格的客人有足够的耐心。在服务中，耐心是一门艺术。没有足够的耐心，服务就无从谈起。

5. 换位思考

遇到问题时，球童要学会换位思考，把自己放到客人的角度上来考虑问题，就能转变思维方式和工作方法，提出的建议就更加具有实用性和针对性，服务方式才能更加灵活，更加人性化。

（二）主动服务

1. 超前服务

(1) 出发前：提前确认客人球包，以便决定是使用球车还是推车。

(2) 在发球台：提前准备球托、球，备好防晒或防雨用的伞。

(3) 开球准备：客人准备击球时，提前介绍球道信息。

(4) 在球道：走到击出的球的位置时，能及时报出码数、风向，指定方向和距离。天热时，能主动适时打伞，主动拿水给客户，提前备好擦汗的毛巾等。

(5) 在果岭：能提前看线。

2. 及时响应

服务的核心是速度，客人有任何疑问，球童应第一时间给予响应。不过有时，有些服务是无法提前预判的，这就需要球童善于观察和揣摩客人心理，预测客人需求，及时响应服务。

3. 责任意识

责任意识，是球童对客人、对俱乐部承担责任和履行义务的自觉态度。如果球童做事喜欢投机取巧，不愿在工作中承担责任，就不会对俱乐部有任何感情投入，也就不会对客人真正负起责任来。要想改变这一现象，一方面需要俱乐部加强对员工的人文关怀，关注员工成长；另一方面，球童也要关注工作中的每一个细节，树立责任意识，精益求精地把工作做好。

（三）默契合作

1. 了解需求

球童的服务是围绕着客人的需求展开的，客人的需求是球童服务的出发点。球童首先要做的，是尽快了解客人的需要。

(1) 根据客人的技术水平提供建议：球童需要在三洞后完全了解客人的技术水平，并判断每支杆大致的击球距离、击球弹道、球路及方向。如果在这些点上与客人达成默契，接下来的服务就比较轻松了，客人也能在轻松而舒服的氛围中打球。

(2) 根据客人的击球习惯提供建议：根据客人的推杆力度，建议推击线的大小和瞄球的线路。

(3) 根据客人的打球目的提供建议：球童要成为客人的左右手，帮助客人认真规划每一洞的打球攻略，对击球距离、障碍区方向、球的安全落点、选杆等提供专业到位的建议，使客人充分享受打球的乐趣。

2. 心理契合

球童要想提供最优质的服务，就必须具备良好的心理承受力：一方面，球童的工作量很大，一些球童因缺乏心理准备而容易产生职业疲劳；另一方面，客人打球不顺时，往往会将不满发泄到球童身上，有时，球童还会遭受少数客人的有意刁难甚至是人格侮辱，导致球童产生心理对抗。这时，就需要球童正确看待自己的工作，调整好心态，努力建立与客人之间的心理契合关系。

(1) 建立与客人之间的命运共同体：客人打好了球也是球童的骄傲，客人心情愉快，球童自然也会开心。想客人之所想，急客人之所急，就能形成与客人之间的默契。

(2) 要契合客人的心理：球场上的服务氛围，要求球童主动观察和揣摩客人的内心想法，和客人在球场上的攻略和理念保持一致，与客人产生情感上的共鸣，从而成为配合默契的搭档。

(3) 心理契合需要以俱乐部服务文化为依托：俱乐部是一个大家庭，球童要以一颗平常心，坦然面对与客人的合作，积极改进自己的不足，有效调节压力和情绪，通过让客人打出好球，使自己在情感上获得满足。

3. 信任互动

球童应利用自己掌握的高尔夫运动知识以及对球场场地熟悉的优势条件，尽快向客人展示自己的专业性，用认真的态度、规范的动作和到位的服务，适应客人的打球节奏，尽快与客人信任互动。如果球童在服务开始阶段就能给客人留下良好的印象，彼此互谅互信，后续的服务工作也将更加容易。球童得到客人的信任后，对于其提出的击球建议，客人也会第一时间很好地领会，当遇到意见上的冲突，也能得到妥善沟通，最后达成一致意见。信任互动有助于营造良好的击球气氛，便于客人打出好成绩。

另外，球童的机智和幽默可以缓解客人的紧张情绪。所以，适当了解一些高尔夫球坛上的新闻趣事，时刻关注自己俱乐部的最新消息和动态，都可以成为增进客我关系的调味剂。

思考题

(1) 球童在服务过程中需遵守哪些行为规范？
(2) 球童的服务意识是如何养成的？
(3) 球童该如何进行职业规划？

第 3 章 球童服务实践技巧

 **本章导读**

　　下场服务是球童整个工作的重点。本章介绍了球童下场服务前的准备工作，在发球区、球道、沙坑及果岭的服务流程与技巧，回场后的整理工作，球车驾驶技巧，服务沟通技巧及突发事件的处理方法等内容。

　　本章是前两章所述高尔夫运动知识与技能的综合运用。

 **学习目标**

【知识目标】

❖ 了解高尔夫球场不同区域的服务内容

❖ 了解服务沟通技巧

❖ 了解突发事件处理方法

【能力目标】

❖ 掌握高尔夫球场不同区域的服务技能

❖ 掌握判断码数、选择用杆的技能

❖ 掌握高尔夫球车的驾驶技巧

第 11 节 下场服务前的准备工作

一、出场前的准备工作

1. 自查仪容仪表

(1) 仪容仪表：通常是指人的外观形体、容貌神态、健康状况等，是一个人举止风度的外在体现。

(2) 夏季着装要求：戴好工帽；佩戴铭牌；马夹上有工号；头发整齐；工鞋统一。

(3) 冬季着装要求：着装整齐；佩戴铭牌；戴好工帽；马夹上有工号；头发梳理整齐；工鞋统一。

图 43 下场服务前的仪容仪表准备

2. 自查物品是否携带齐全

(1) 准备好高尔夫球 tee 长短各若干，mark 3~5 个。

(2) 备足一定量的食物和饮用水。根据个人喜好，配备巧克力、饼干、香蕉等高热量食物，还要带足水，尤其在夏天，补充水分很重要。

(3) 准备防晒用品，如防晒霜、冰袖、太阳帽等。

(4) 带好沙袋和毛巾。下场打球都要准备一个沙袋。出发前，要将沙袋装满沙。拿沙袋的目的，是当客人挥杆打球将草皮打起后，需要将草皮捡起放到原处，然后铺上沙，这样可以让草重新长出来，起到随时随地保护草皮的作用。另外，还要把毛巾打湿，下场后用来擦拭球杆和球。

(5) 备好记分卡，用来记录客人的打球成绩。

(6) 还需准备铅笔、果岭叉、小垃圾桶等，下雨的话还需要携带雨衣、雨包套。

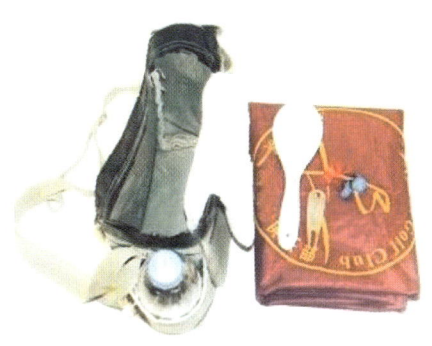

图 44 物品准备

二、出发时的准备工作

当出发员叫自己出场时，应快速检查穿戴是否整齐，并前往出发站对球车及车上所有装备物品再检查一次。如果物品有损坏，要及时向管理人员报备。当客人拿消费本到出发台登记时，球童应主动向客人问好，查看客人的姓名以及出场洞数，确认球道及发球台。

图 45 高尔夫球童-出发准备1

客人过来后，面带微笑，亲切大方，主动打招呼。

首先确认客人的球包。此场景规范用语为：先生/女士，您好！请问这是您的消费卡吗？我是今天为您服务的球童，工号为×××，祝您今天打出好成绩。请问哪一个球包是您的？如遇到较熟悉的客人，应热情地以姓氏加职务尊称：张经理/李女士，您好，很高兴再次为您服务。

接着清点客人球杆、杆头套及球包里的重要物品，清点后请客人确认并将球包妥善放置于球车上。绑球包时将球包雨布放在拉包车底部，将球包帽拉开反扣。将球包正面朝上，背面放在拉包车上面，用扣绳将球包固定住。

清点客人球杆数量，如缺少球杆或球杆头套，应向客人说明。此场景规范用语如下：先生/女士您好，您球包里有×木×铁×推，×个杆头套共有×杆，您看对吗？当客人应答后要说"谢谢"。注意说话时的语气要亲切，吐字要清楚，语调要适中。

请客人上车。确认所有人员都坐稳后方可开车。如果是客人自己开车，球童上车前应请客人稍等，上车后抓紧球车，然后大声向客人喊"OK"，通知客人可以出发，然后指引客人行驶至指定球洞准备开球。

图 46 高尔夫球童-出发准备 2

第 12 节 发球区服务流程与技巧

一、发球区服务

如果发球台上有人在开球，应先将球车停在远处等待，等前组客人开球完后再将球车开到指定区域。

要先于客人上发球台，将客人打球所需用品如手套、球杆、球、球 tee 等为客人准备好，同时要认清本组客人的高尔夫球品牌和号码。

1. 确认球号、品牌和记号

主动与客人确认高尔夫球的球号、品牌和记号:"先生,您用的球是×品牌×号球吗?"

图47 确认球的号码、牌子和记号

注意事项

(1) 作为球童,要尽一切方法帮助客人。

(2) 在发球台上,要留意客人使用的是什么牌子的球,以免打球过程中与其他客人的球混淆。

2. 发球准备

球童要主动询问客人,话术为:某某先生,这是您的手套、球tee和球。我可以拿您一个备用球吗?这是1号洞,PAR4,367码,请问您用一号木杆开球吗?听取客人回答后为其准备相应的球杆。

注意事项

(1) 在发球台给客人准备物品时要多准备一个备用球。客人打球时有时会出现失误,如把球打下水,或者打暂定球时,都需要再打一个球,这时备用球就能派上用场了。多准备一个备用球可以减少回球包拿球的时间,避免客人等候。

(2) 在短洞发球台上,要告诉客人发球台的准确距离、风向、旗杆的前后位置。

(3) 在障碍区有较多的球道,要根据客人的击球水平,提醒客人攻击方向及最佳落点。

(4) 不可使用客人的球杆,更不可与客人在附近练习切球。

(5) 递杆时尽量用双手横向递给客人,同时要说:"这是您的××杆"。

(6) 检查客人在发球台上插的球 tee 时，要确认球 tee 是否在发球区域内。避免客人在错误的发球区发球造成罚杆。

3. 保持安静

介绍完球道信息后，球童应退后站于客人右前方 45°、3 码外。将双手放于体前，双脚并拢，与同组人员排列整齐，互相看球。

注意事项

(1) 客人击球时，不可走动，不可窃窃私语，要保持安静，为客人创造良好的击球环境。

(2) 球童间切勿聊天或窃窃私语；钥匙、手机、球杆等不得发出声响。

4. 观察落点

客人开球后，要观察每位客人击出球的飞行方向及球的确切落点，并告诉客人球的具体位置。

注意事项

(1) 当客人打出好球后，应说："好球！又远又直！"记得一定要表达对客人的赞许之情。当客人把球打偏了，也要给予鼓励。如果球下水或下沙了，球童要察言观色，随机应变组织接下来的服务用语。

(2) 球停落后要叫"好球"，尤其是打短洞球更应如此。

(3) 击出球后客人没看到球，问球童"球去哪了"时，球童应及时准确告知落球点的去向。如果球打到了界外（OB），应提醒客人打暂定球，如不能确定具体位置，要告诉大概位置或大概方向。

5. 捡 tee 补沙

客人击完球后，球童要主动找 tee，如果 tee 断了，要捡起来；如场地有打痕，要及时补上沙；如看到草地上有烟头，也应捡起来放到垃圾桶里。

图 48 捡 tee 补沙

注意事项

(1) 在发球台上，球童很重要的职责是清理断 tee、烟头、塑料袋等垃圾。

(2) 在接下来持续的服务中也应如此。

6. 球车服务

当发完球后，客人上车前，球童应主动说："××先生，请上车"；当球车遇到拐弯、下坡时，球童要主动提醒客人前面有拐弯（下坡），请小心慢行；当球童自己开车时，要提醒客人"请坐稳，要拐弯了"。

注意事项

(1) 客人开完球后，球童若因特殊情况没来得及上车，一定要请客人稍等。上车后站稳了，再示意客人"OK"，表示可以开车了。

(2) 客人上车前，球童应站于车旁请客人先上车，并做出请上车的手势。

(3) 客人不坐车而选择走路时，球童要及时在旁边服务或陪走。这样有利于提高服务质量。

二、发球区规则

表 11 发球区常用规则表

序号	案例	罚杆	处理方式
1	开球顺序错误	不受罚	认错道歉（例外：有两名或多名球员协商不按顺序打球以便为他们中的某人牟利，这种情况下，每人都要罚两杆）
2	准备打球时球从球 tee 上掉落	不受罚	可以放回重打
3	球出界或遗失	罚一杆	回上一次击球的地点打第三杆
4	超过发球标志或范围开球	罚两杆	需在发球范围内重打第三杆（比洞赛不受处罚）
5	做一个标志物为出球线	罚两杆	击球前应拿开标志物
6	问同伴所用的球杆号码	罚两杆	问自己的球童不罚
7	借用同伴的球杆打球	罚两杆	打出的球照算
8	OB 球的处置	罚一杆	回上一次击球的地点打第三杆

第 13 节 球道服务流程与技巧

一、球道服务

(1) 先于客人到达球位，确认是客人的球后，让离果岭较远的球的客人或者准备好的客人先打球。

(2) 不得走在打球者前方，当有同组客人走在击球者前方时，应立即提醒客人"看球"。

(3) 当前组客人未离开安全区时，任何人不得开球，特别是有盲点时更要确认清楚客人是否已离开安全区。

(4) 当自己的客人击球时，要运用规范的话术："××先生，您的球距离果岭还有××码，××风，旗杆在果岭的××位置。请问您用几号杆？"当客人告之用几号杆后迅速将球杆递给客人，并选好站位为客人看球。

(5) 当客人击球上果岭或打出好球时，球童应欢呼"好球！"发自内心的喝彩会使客人备受鼓舞，从而提高打球兴趣。当客人的球打进障碍区、打出界外或者打进沙坑时，应及时安慰客人并适当提出专业意见。

(6) 客人打完球后应及时接过球杆，擦拭干净放回球包。客人打起草皮的，应将草皮拾起放回打痕处，补上沙踏平。

(7) 当客人的球打入障碍区时，球童要在球的落点附近选好参照物，并快步走到客人前面找球。找球时应带上 7 号铁和 P 杆(这两支杆是救球常用的球杆)或根据客人的习惯带上相应的球杆进障碍区找球。当球有可能遗失或在 OB 的情况下，应告之客人并请客人打一个暂定球。

(8) 当客人的球打进水障碍或深沟时，应根据规则建议客人在距果岭最近处抛球再打。如球在水池可以捞起时，应当用工具将球捞起。

(9) 当球打进沙坑时，应告之客人沙坑状况，适当提供合理及专业的建议。客人打完沙坑球后，球童应将沙坑用沙耙耙平。

(10) 当球打进乱草区需要找球时，找球时间不得超过 5 分钟，找到球后不得触动球。如果无法及时找到球，球童应提醒客人："先生，我们让后组客人先打好吗？"经客人同意，向后组客人挥手示意，让后组先行通过，并请客人站在安全区，以免影响后组打球的时间和情绪。

二、球道服务注意事项

(1) 能主动、准确地寻找有可能遗失的球；找球时要注意防范蚂蚁、蜈蚣、蜘蛛、蛇等危险动物（找球时间不超过 3 分钟）。

(2) 永远走在客人的前面、球的后面。

(3) 打球前注意前组是否已到达安全区域，遇危险球时要大声喊"看球"。

(4) 发现不规范的情况能主动改正。

(5) 掌握客人的打球速度，礼貌提醒客人，协助巡场协调场内秩序。

(6) 注意客人试杆的方向、空间，照看同组人员的安全。

(7) 当客人对着树或石山击球时，要提醒客人球可能会反弹。

(8) 提前提醒客人行车路线。

三、球道服务特殊情况处理

1. 果岭边击球

(1) 准确提供当下击球距离及果岭状况。例：球到旗杆还有 25 码，右边高，可以瞄准旗杆的右边打。

(2) 提前带上推杆交给客人。

(3) 务必对打痕进行补沙并填平。

2. 遗失球

(1) 如球可能出界或遗失，应建议客人先打暂定球。

(2) 可以建议客人先打回球道。

(3) 将暂定球拾回。

3. 看不清前方球道

(1) 详细说明球道情况及击打方向。

(2) 请同组球童协助观察前方是否安全。

(3) 击球后务必将打痕补沙填平。

(4) 主动协助观察同组客人球的落点。

4. 球打到隔壁球道

(1) 偏离球道有危险时，应朝着目标方向大声喊"看球"。

(2) 先等原球道击球者击球。

(3) 等待时可以先介绍球位状况。

(4) 有其他客人时应举手示意。

(5) 待对方同意后才可击球。

(6) 击球后要向该客人举手致谢。

5. 保持安全距离

(1) 前组未到达安全距离时，应制止击球。
(2) 前组客人离开并达到安全距离时，请客人打球。
(3) 介绍球位以及球道状况并告知击打路线。
(4) 回应客人的询问并建议安全打法。

四、球道规则

表12 球道常用规则表

序号	案例	罚杆	处理方式
1	球在修理范围、临时积水处、车道、马路、阴井盖、喷水盖、支柱三脚架	不受罚	离最近完全补救点一支球杆距离内向不靠近旗杆的方向抛球
2	发球失败，球停落在发球标志旁	不受罚	可移动发球标志再击球
3	停止中的球被风吹动	不受罚	继续进行
4	落在球道上的球被动物衔走	不受罚	需同伴作证在原有处再打
5	球碰到同伴竞赛者的球或局外者而改变方向	不受罚	在球停处继续打
6	球碰到同伴竞赛者的球	不受罚	应将同伴的球放回原处
7	落在球道上的球陷入地面	不受罚	在接近原位而不靠近旗杆一杆范围内抛球，可以擦球
8	在找球时无意中动球	不受罚	恢复初始球位再打
9	被局外者动球	不受罚	把球放回初始位置
10	被沙耙停止的球，移开沙耙时动了球	不受罚	把球放回初始位置
11	抛球正常，但球滚落沙坑	不受罚	重新抛球
12	抛球着地后碰到自己	不受罚	不必重抛，在球停的位置打
13	球出界	罚一杆	在上一次击球的地点打
14	球落入长草区，经过3分钟未找到	罚一杆	在上一次击球的地点打
15	球落在树根或树枝上	罚一杆	可回上一杆击球的位置重打，或在球的位置不靠近旗杆二支球杆范围内抛球
16	试挥杆时不小心动到球	罚一杆	放回原地抛球再打；不放回打的罚两杆
17	宣布不可打之球	罚一杆	(1)原地重打；(2)在球的位置不靠近旗杆方向二支球杆的距离内抛球；(3)在旗杆与球的位置连接线的后方抛球
18	欲除去自然障碍物而动球	罚一杆	将球放回初始位置
19	自己的球童误捡或移动自己的球	罚一杆	将球放回初始位置
20	击打动态中的球	罚两杆	在水中不在此限

续表

序号	案例	罚杆	处理方式
21	在果岭通道中,球有损伤未经同伴竞赛者同意而换球	罚两杆	继续进行
22	在球道上打错别人的球	罚两杆	回上次击球的地点打自己的球

第14节 障碍区服务流程与技巧

一、沙坑服务

(1) 提前报出沙池到果岭间的数据。
(2) 提前询问客人使用的球杆情况。
(3) 根据客人水平拿合适的球杆,并带适当的短杆。
(4) 给予客人适当鼓励,称赞或安慰客人。
(5) 在客人击打球后,告知客人击打出的球的现有位置的数据,给客人相应的球杆。
(6) 快速准确地将沙池上的球印、脚印、击球印等平整好。
(7) 清洁球杆。
(8) 照看球车。

注意事项

(1) 耙沙时要从沙池较平坦的、较接近球的地方进出。
(2) 耙沙时不要影响其他客人打球。
(3) 耙沙的同时注意客人击球的方向。
(4) 客人击球时球童不得进入沙池,更不可带物品进入沙池。
(5) 注意前组和同组人员安全。

二、水障碍服务

(1) 准备备用球。
(2) 提前报出水点到果岭间的数据。
(3) 提前询问球员使用的球杆情况。
(4) 根据客人水平拿合适的球杆,并带备用杆。

(5) 给予客人适当鼓励，称赞或安慰客人。

(6) 在客人击打球后，告知客人击打出的球的现有位置的数据，给客人相应的球杆。

(7) 迅速接过球杆，清洁球杆。

(8) 铺沙、捡草屑。

(9) 照看球车。

注意事项

(1) 障碍区内不允许放装备。

(2) 找球时间不能超过5分钟。

(3) 注意前组和同组人员安全。

三、障碍区规则

表13 障碍区常用规则表

序号	案例	罚杆	处理方式
1	球落在水池边或在水池里继续打	不受罚	但在准备打或上杆时，球杆不可碰到水或泥，否则罚两杆
2	球被打进球道侧面水池或水障碍里	罚一杆	若在球的现有位置打，不罚；在球的落水点旁不靠近旗杆方向二支球杆的范围内抛球打，罚一杆
3	球被打进球道正面的水障碍里	罚一杆	若在球的现有位置打，不罚；在球进入水池之处与旗杆的连接线的后方抛球打，罚一杆
4	球越过树林而落入水池	罚一杆	确实有落入水池的利证，否则会被认为遗失球
5	在沙坑击球前球杆触沙	罚两杆	在现有位置继续打

第15节 果岭服务流程与技巧

一、果岭服务

(1) 当客人击球上果岭后，应及时将推杆递给客人。

(2) 寻找球痕，修复果岭。

(3) 球童们应互相协助做球标，把球拿起擦球。

(4) 看球线，询问客人是否需要摆线。

(5) 放置球，提供推杆路线与果岭状况供客人参考。

(6) 客人推杆时，球童应站在三到五步外，不能站在推击线上。

(7) 如有拔旗杆的需要，则把旗杆拔出，竖放到果岭外。

(8) 称赞、鼓励、安慰客人，将客人的推杆收好。

(9) 客人全部打完球后，由最后一个球童将旗杆插回。

(10) 迅速离开果岭，上车放好球杆，前往下一洞。

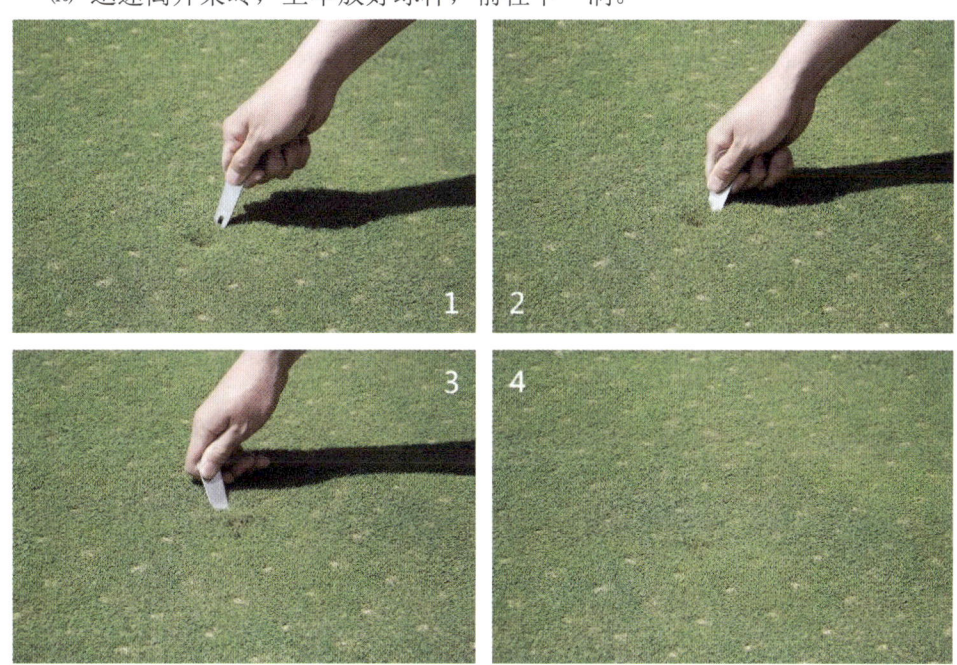

图49 高尔夫球童果岭服务

二、果岭服务注意事项

(1) 在果岭上不要踩踏推杆路线。

(2) 做球标时，要将球标放在球的正后方。正规比赛则由球员自己做球标。

(3) 指示推杆方向时旗杆不要碰及果岭，看线时切忌将手掌放在果岭上。

(4) 适时拔出或放回旗杆。注意扶旗和插旗时不要损坏球洞。

(5) 球童在果岭上要保持肃静，不可说话走动发出任何声响。更不可在果岭上跪、跳、拖着脚走路，以免损坏果岭。

三、果岭规则

表 14 果岭及其他区域常用规则表

序号	案例	罚杆	处理方式
1	未先标记球的位置就将球拿起	罚一杆	将球放回原地
2	未放标记前拿掉球或未拿掉球标而推杆	罚两杆	将球放回原地或在原地击球
3	在果岭上推杆时到同伴的球	罚两杆	将被碰到的球放回原位，自己的球则在停处再打
4	放错他人的球位记号而推杆	罚两杆	纠正错误
5	用球杆或手扫除果岭上的露水	罚两杆	雪及冰可扫除，但露水不可以扫除
6	球上果岭后发现互相打错对方的球，知错误发生在何处	罚两杆	应回到第二杆击球处重打（若错误的球已打进洞，则为失格）
7	以未满14支球杆进场，但在途中补足14支球杆	不受罚	在途中向同伴借用球杆的，为失格
8	实际打出的成绩是4杆但报出的成绩为5杆	不受罚	比实际多记的杆数为成绩
9	持15支球杆进场使用	罚两杆	一洞附加二杆，一圈下来附加四杆为限
10	邻洞打出来的球，应对方要求打返该球	不受罚	出于礼貌，打回
11	实际打出4杆成绩但报出的成绩为3杆	失格	虚报成绩为失格

第16节 回场后的整理工作

一、结束基本流程

(1) 要跟客人说："今天辛苦了！"
(2) 回出发站时要将车停在正确的位置。
(3) 结束服务时务必请客人清点球杆并当面确认。
(4) 清洁所有球杆并套上杆套。
(5) 将球包整理打包后送到领杆处。
(6) 提醒客人拿好贵重物品，如手表、钱包等。

(7) 询问客人是否存包。

(8) 请客人投放球童评估卡。评估卡是俱乐部了解球童对客服务情况最有效的方式，可为球会提高球童服务水平提供参考。

(9) 跟客人说再见："服务不周，请您谅解，欢迎您下次光临"。

(10) 客人给小费时要用双手接过，真心感谢。但不能主动向客人索要小费。

(11) 清理垃圾，将球车清洗后归还。

二、注意事项

(1) 回场时，首先整理好球包，清点及清洁好客人的球杆。

(2) 以最快的速度帮助客人清理好物品，确保客人在离开前没有任何物品遗留，提醒客人带齐消费本、手表、手机、衣物等。

(3) 完成了一天辛苦的服务工作，在客人离开时可适时与客人寒暄几句，跟客人道别，微笑欢迎客人再次光临。

第17节 球车使用技巧

一、球车基础知识

1. 电瓶球车相关部件

(1) 电容量指示器（光标）：显示电容量余额。光标全亮，表示电量充足；光标闪烁，表示电量不足，需要及时充电。

(2) 锁匙开关：开启或关掉球车电源。

(3) 挡位开关：分三挡，"F"表示向前，"R"表示向后（会发出蜂鸣声），"中间"挡为空挡。

(4) 指示灯：指示灯亮，表示电瓶需要充电。

(5) "油门"踏板：实际是变阻器踏板，用来控制球车速度。

(6) 制动踏板：用以减速和刹车。

(7) 方向盘：用来转向。

2. 电瓶球车的正确操作方法

坐上座位，左手握着方向盘，右手将钥匙插入锁匙开关，拧到"ON"，再用右手把挡位开关按在"F"或"R"的位置，用右脚将制动踏板踩下，打开停车锁定锁，然后再用右脚踏在"油门"踏板上，缓缓压下"油门"踏板，车便会开动。需减速或停车时，提起右脚，踩制动踏板，由轻到重。注意不要急刹车，具体操作时，只允许单脚踩刹车。

图 50 电瓶球车

二、球车使用规定

(1) 一定要按指定路线行驶。
(2) 驾驶球车时要轻踩油门。
(3) 开车时不要双脚同时踩油门与刹车。
(4) 与前车保持安全距离。
(5) 行驶前一定要确定每一个人都坐稳或是站稳，握紧扶手后才可以开车。
(6) 每一次使用完球车都要进行清洁维护。

三、球车使用案例

在使用球车为客人服务过程中，最强调球童间的默契配合。凡是能把配合放在第一位的，后续的服务工作就轻松得多了。

例如，球童甲和乙出场，两名客人的击球位置基本相同，在两名客人打完球后，离球车比较近的甲球童便可将两名客人的球杆收回并招呼客人上车，此时的乙球童便可以留下处理善后工作，例如铺沙、平整沙坑等。善后工作处理完，乙球童要迅速跑到下一落球点。甲球童与两位客人提前来到下一落球点后，便可以根据球位置的情况为两名客人挑选球杆。

在球车服务中，我们在强调球童间相互配合的同时，还要注意自己在球车使用时的安全问题。我们不仅要注意与前组之间的安全问题，还要注意自身的安全问题。有时，来场的客人习惯了开快车，在开球车时车速也会非常快，而此时的球童是站在球车后面的，如果防护不到位或提醒客人不到位，就容易发生安全事故。

在阴雨天气，路面湿滑，开车更是要格外小心。球童应适时提醒客人："先生，路面比较滑，我们稍微开慢一点，谢谢！"在转弯处和比较陡的斜坡处，球童应抓紧扶手，以免从车上被甩出去。如遇上危险情况，千万不要慌张，跳车时记得跳向草地的方向。

第18节 服务沟通技巧

一、客人的性格类型

每个人的生长环境、受教育程度、兴趣、个性及喜好不同，在处理事情、待人接物上也各不相同。这就要求球童善于根据不同类型客人的特点，投其所好，提供有针对性的对客服务。

1. 寡言型
此类客人的性格比较内向或是想通过打球来思考一些问题，通常一个人打球。

服务要点：针对此类客人的服务，重点体现在简洁、快速、准确三方面，要避免过多地与客人搭讪而打扰到客人。

2. 大方型
此类客人性格开朗、不拘小节、社会经验丰富，多数健谈，多以本地人居多。

服务要点：大胆地与客人沟通，服务过程中要热情大方、高效准确，切记不要拖泥带水、过分拘谨。

3. 老师型
此类客人多出于好心经常会指出球童服务中的不足，大多对球童要求严格。

服务要点：应提供专业性强的服务，细心聆听客人讲话，及时给予正面回应。适当询问一些简单问题，使其心理得到满足。

4. 挑剔型
此类客人对球童大都抱有偏见，对服务中的各项要求非常烦琐，球技多数较差。

服务要点：应有超前的服务意识，将客人的某些特殊要求牢记于心，适当给予打球建议。

5. 职业型

此类客人打球的年限较长、技术好，对高尔夫运动有较深的认识。

服务要点：尽量提高专业服务水平（如报码数、看球线等方面）。此类客人对自己的球杆特别爱护，服务时一定要轻拿轻放、及时清理。用真诚的话语称赞客人并及时给予肯定。如果遇到不能确定的问题时，一定要同客人讲明，千万不可乱说。

6. 蜜月型

此类客人以热恋中的年轻情侣居多。

服务要点：服务时应保持适当的距离、保持安静，切勿交头接耳、小声议论。留意本组的打球速度，对客人的亲昵动作视而不见。

7. 商务型

此类客人以请客户、领导打球的居多。

服务要点：分清主次，重点服务。时刻谨记对中心人物的服务一定要到位。在客人议论重要公事时要有意避开，同时要留意打球速度。

8. 健身型

此类客人多在早晨、傍晚打球，其目的是锻炼身体，呼吸新鲜空气。

服务要点：球童服务要快速，可以谈论有关健康、饮食方面的话题。

9. 商务团队型

此类客人多是旅游团队，对球场场地不熟悉。

服务要点：在服务的同时还要介绍球场及球场周边环境、景点及特色，给客人留下美好的印象。根据客人的水平向客人提供球道的进攻建议。

二、服务技巧

在对客服务中，球童要善于运用肢体语言及口头语言，向客人传递积极有效的信息，以个性化服务来满足不同客人的需要，达到超出客人期望的服务效果，从而获得客人的肯定。

要实现上述服务目的，必须针对不同类型的客人采用不同的服务技巧。

1. 冲动型客人服务技巧

冲动、性急、心直口快、脾气变化不定是这类客人的特点。这类客人的感情表达突出而直接，对事情的判断往往凭一时的冲动。在打球过程中，可能因为打了个好球而狂喜，也可能因为打了个差球而悲伤甚至会迁怒于球童，而对球童服务进行指责。这时，球童只要心里明白，他们迁怒的并不是自己服务的专业性，而只是想找一个发泄不满情绪的对象而已。服务这类客人更需要时间和耐心，要保持平和的心态，以静制动、以不变应万变。

2. 圆滑型客人服务技巧

这类客人善于交际，人际关系良好。在打球过程中表面上容易附和意见，但内心却不愿意听取他人意见。在服务这类客人时，要能够和他们打成一片，一旦时机成熟，要立即向他提出建议。要对他们的球技多加赞美，让客人感觉到打球就是一种享受。

3. 谨慎型客人服务技巧

此类客人做任何事都很仔细、谨慎，凡事会三思而后行。他们冷静、沉着，对任何事情不会立即下结论，一定了解清楚后再做决定。遇到这类客人，球童更要冷静沉着，要尽量让客人在打球过程中保持平静的心态。不发表过多言论，以免引起客人的反感。

4. 犹豫型客人服务技巧

这类客人遇事拿不定主意，不敢做决定，即使作了决定也容易反悔，是优柔寡断型的人。例如在打球过程中，他们总是担心自己发挥不好，不能打出很好的球来，在打了一个差球后，总觉得自己水平不行，而很容易失去打球的兴趣。服务这类客人最好的方法是用一种不伤其自尊心的方法，暗中替他们想主意、作决定，帮他们分析原因、找出对策，给他们信心。

5. 决断型客人服务技巧

此类客人态度积极，充满自信，自我意识强，不易受外界影响。对什么事都有自己的一套看法，凡事都倾向于认为只有自己的判断才是正确的。球童在服务此类客人时，要首先肯定其说法、意见和对打球的理解，然后再慢慢地加入自己的意见，例如："您说得非常正确，我也是这么认为的。"通过这种方式，来了解其打球思路，适时提供恰当的参考意见。

6. 排斥型客人服务技巧

这类客人敏感，不易打交道，对任何人都有距离感，不易亲近别人，也不容易相信别人。他们对事情的看法也是如此，第一反应就是排斥。由于这类客人属于敏感型，如果打球水平不高，打出了不好的球，大都不愿意承认是自己的水平问题，反而会怪罪于球童，认为是球童不好。在服务这类客人时，球童也要小心谨慎。

7. 好表现型客人服务技巧

这类客人对任何事情都要发表意见，喜欢得到他人的夸赞和认同。球童在服务这类客人时，要更多地鼓励其一点一滴的进步，即使其打了很差的球，也不要对其球技产生怀疑。在服务过程中要多肯定他们，多认可他们，以便营造一个轻松的打球氛围。

第 19 节 球场急救处理技巧

在高尔夫运动中有时会有意外情况出现，这就要求球童掌握必要的急救知识，做到有备无患。

一、球场急救箱常备物品

急救箱常备药物包括：手套、绷带、胶带、医用脱脂棉、棉布、纱布、剪刀、手电筒、体温计、碘酒、酒精棉片、棉签、创可贴、纸笔等。

二、意外急救处理知识

1. 肌肉拉伤与脚跟拉伤急救步骤

(1) 检查伤势，保持伤处稳定。
(2) 冰敷 10~15 分钟。
(3) 抬高伤者伤处，使血液回流。
(4) 等待医护人员救助。

2. 抽筋急救步骤

(1) 原地坐下或躺下休息。
(2) 协助伸展肌肉 1~2 分钟。
(3) 小腿抽筋时，要用一手抬高伤处，另一手做伸展。
(4) 大腿抽筋时，要将整条腿抬高，增大抬高幅度。
(5) 如 5 分钟内伤势得不到缓解，即刻呼救医务人员。

3. 虫咬、蛇咬、蜜蜂蛰急救步骤

(1) 冰敷。
(2) 在伤口上方约 5 厘米处用衣物或止血带固定，减慢有毒血液流动的速度，防止毒液扩散。

4. 蛇咬急救步骤

(1) 立刻呼救并观察伤口。
(2) 伤者原地躺下休息等待医护人员来到。
(3) 在伤口上方约 5 厘米处用衣物或止血带固定，减慢有毒血液流动的速度，防止毒液扩散。

(4) 如被咬伤时看到蛇的大小、种类、花纹，可以提供信息给医务人员，以便选择正确的血清进行治疗。

5. 急性挫伤急救步骤

(1) 急性挫伤但不知是否有骨折时，应立刻呼救。

(2) 保持伤者原有姿势不动，在伤口处施压止血。

(3) 观察伤者意识是否清醒，观察其呼吸、脉搏，等待医务人员到达。

6. 中暑急救步骤

(1) 立刻呼救。

(2) 检查患者意识，如意识不清，则要解开其衣物帮助散热。

(3) 继续检查患者意识，如意识清醒，则即刻补充水分。

(4) 测量体温，稍作休息后护送回休息区观察。

7. 被球击到急救步骤

(1) 冰敷伤处 15 分钟。

(2) 观察伤者意识。

(3) 等疼痛缓解、意识清醒后再让伤者坐起并护送回休息区。如果伤者意识不清，则要原地等待医务人员。

8. 心肌梗塞急救步骤

(1) 询问病人是否携带有常备药物。

(2) 如患者失去意识，则观察其呼吸、脉搏并立刻呼救。

(3) 若球场有接受过心脏复苏训练的员工，可施以心脏复苏，进行救护。

思考题

(1) 球童下场服务前需要做哪些准备工作？

(2) 球童在发球台、球道、沙坑以及果岭上的服务要点各是什么？

(3) 球童在球员回场后需要做哪些收尾工作？

(4) 保证球车安全驾驶需要注意什么？

(5) 针对不同性格的球员，球童应选择什么样的服务方式？

附录：高尔夫运动专业英语

A

address	瞄球，击球准备动作
advice	对别人的打法或其他技术上的事项提出建议
again	重新击球
against wind	逆风、顶风
albatross	双鹰球，比标准杆少三杆
approach	近距离切球，即在果岭附近把球打上果岭
air shot	打空
a ball right	右边一个球

B

back	朝后、向后
back spin	回旋球
back swing	上杆
back tee	发球区
bad luck	球运欠佳
balance	平衡
baseball grip	自然握杆法
batting leg	击球腿（指左脚而言）
beginner	初学者
birdie	小鸟球或博蒂，低于标准杆一杆
bet	打赌
black	碳纤木杆
blind	盲点，目标由于树木或地形起伏看不见的时候
bogey	"柏忌"，高于标准杆一杆
booby	倒数第一，又称BB奖、精神奖
bunker	沙坑

C

caddie	球童
caddie fee	球童费
caddie master	球童管理者
carbon	碳纤维
card	记分卡
carry	击球进洞，击球后球落到地面的距离
cart	球车
cart fee	球车费
casual water	临时积水区
chip	低飞球
chip shot	打出滚地球让球滚进球洞
chip in	近距离切球进洞
chop	切击
circuit	巡回赛
claim	抗议（比赛中对方违反规则所提出的意见）
clean	直接击球
close stance	封闭站姿（左）
club	球杆、俱乐部
club face	杆面
club house	会所
club rental	球具出租
committee	委员、委员会
competition	比赛
Competitor	比赛者
course	球场(18洞)
course record	球场记录
creek	小溪
cup	奖杯
cut	切击
cut in	切入球洞
cut up	击高球

D

dead	死球
death grip	握杆僵硬(过度用力握住球杆)
digging	杆头击中地面
disqualify	取消比赛资格
disturb	妨碍
divot	杆头削去草皮、草痕
dog leg	狗腿洞
double bogey	比标准杆多二杆
double eagle	双老鹰，低于标准杆三杆
double par	双倍标准杆
down swing	下杆
draw	左曲球
drive	发球
driver	木杆
driving range	练习场
drop	抛球

E

eagle	老鹰，低于标准杆二杆
edge	果岭及障碍物球洞等四周边缘
entry	申请
even	同分(打击数相等者)
extra hole	延长比赛用球洞

F

face	球杆面
fade	右曲球
fairway	球道
fairway banker	草坪地带的沙坑
fairway wood	球道用木杆
fast green	快速滑球果
first hole	第一个洞
flag	旗

finish	完成最后一洞
flat swing	平挥杆
follow wind	顺风(也可以说 Fallow)
fore	躲开(击球者提醒他人注意后方来球)
form	姿势
freedrop	自由抛球，从不可移动的障碍物抛球而不受处罚
fried egg	荷包蛋(形容球在沙坑内)
full set	整组球杆(14 支)
full swing	高挥杆

G

gloves	手套
green	果岭
green guard bunker	果岭边缘的沙坑
grip	基本握杆法
grooved swing	正确挥杆动作
gross	总杆
golf bag	高尔夫球包
golf hat	高尔夫球帽
golf cart	高尔夫球车
golf gloves	高尔夫手套
golf shoes	高尔夫球鞋

H

half	半场
half swing	轻挥杆(打击一半距离的方法)
handicap	差点，与赛者的实力与标准杆之差数
hazard	障碍，指水障碍、沙坑及如耙子等可移动障碍
head	杆头
head speed	杆头速度
hole	球洞
hole in one	一杆进洞，在开球座上一杆进
hook	左旋球、左曲球

I

impact	击球的瞬间
in	后九洞
in side	内侧
in-side in	自目标线内侧内击球
in-side out	自目标线内侧外击球
inside out	向外挥杆，挥杆时的杆头由内侧挥向外侧
inside to inside	杆头的轨道由内向外挥，最后又回到内侧来
interlocking grip	互锁式握杆法
interface	障碍
invitation march	邀请赛
iron	铁杆

J

Jack Nicolas	杰克-尼克劳斯
jerk	猛击
jerking	猛击球：用杆柄及头部连接处击球
just middle	正中球心

K

kick	反弹球
kill	用力出球

L

Lady Tee	女子发球区
lateral water hazard	侧面水障碍
lead	引导
length	长度
lie	球位
lift	挑高球，将球击高
line	推球线，球与洞中这连线
links	球场

lip	洞边，球洞边缘
list action	手腕动作
local rule	当地规则或特别规则
loft	球杆的倾斜度、击球面的角度
long putt	推杆距离
long hole	长洞
long putt	推杆距离
long thumb	拇指伸长
loose grip	轻握
lose ball	遗失球
LPGA	女子职业高尔夫俱乐部

M

mark	标记，为了便于识别球而在球上做的记号
marker	记分员；
	球标(按照规则拿起球时标定球位置的小物品)
marshal	巡场员
masters	大师赛，名人赛
middle hole	中洞

N

neck	杆头，球杆的颈部
net	净杆
no return	未提交记分卡，弃权

O

OB	界外(out of bound 的缩写)
observer	观察员
obstruction	妨碍物
official	正式的，公认的
official competition	正式比赛
official handicap	正式差点

open stance	开放式站位
operation manage	运作经理
order of play	打球顺序
original ball	初始球
out	十八洞高尔夫球场中前九洞的俗称
out course	十八洞球场中的前九洞
out-side in	自目标线外侧内击球
out-side out	自目标线外侧外击球
overlap	重叠式握杆
over spin	正旋，上旋，击球后球向击球线方向旋转
over swing	过度挥杆

P

par	标准杆
pass	先行通过
peg	球座（用木头或塑料制作的发球时的球架）
penalty stroke	罚杆
PGA	"职业高尔夫球协会"的简称
pin	对旗杆的俗称
pitch	切击，劈起击球
pitch-in	直接切击入洞
pitching irons	短铁杆
pitching wedge	劈起杆
playoff	延长赛
provisional ball	暂定球
public course	公众球场

R

regular	标示球杆杆身硬度的符号
	表示杆身硬度为一般标准硬度
R&A(Royal and Ancient)	英国"皇室古典高尔夫"俱乐部
range	击球练习场
ranking	名次，排名
record	记录、球场记录

replace	重放置球
roll in	推击入洞
rough	长草区球场上的草或其他植物明显高于球道上的草
round	轮（在高尔夫球比赛中按照顺序连续打完18洞即为打完一轮）

S

sand bunker	沙坑
sand wedge	沙坑杆
score play	比杆赛
setup	客人为进行击球准备做好身体姿势
short hole	短洞，标准杆为三杆的洞
said wind	侧风
slice(ball)	右旋球
storage room	存包室

T

take back	后摆杆、上挥杆
tap-in	非常短的推击
target line	目标方向线
tee off	开球
tee marker	发球标志
tee off time	开球时间
teeing ground	发球台
temporary tee	临时发球区
thin	打薄了
three putt	三推击
three quarter shot	四分之三挥杆
three on	三杆上果岭
tips	小费
top	剃头球
to the green	到果岭
towel	毛巾

triple bogey	高于标准杆 3 杆
trouble shot	打击困难球
two stokes penalty	罚两杆

U

under par	以低于标准杆的杆数打球
unplayable	不能打之球
US Open	美国公开赛

W

wrong ball	错球

Y

yard	以码来表示球场或洞的距离

参考文献

[1] 殷志栋,孟梅.球童学[M].北京:首都经济贸易大学出版社,2017.

[2] 吴亚初.高尔夫概论[M].北京:人民体育出版社,2011.

[3] 吴克群,袁铁坚.高尔夫球会管理[M].天津:南开大学出版社,2009.

[4] 王继军,黄志勇.校园高尔夫[M].北京:高等教育出版社,2019.

[5] 吴国栋,崔建宁.高尔夫球童服务知识与实践[M].南京:南京大学出版社,2016.

[6] 蒋小丰,孙跃.高尔夫球童实务[M].湖南:湖南人民出版社,2017.

[7] 韩烈保.高尔夫概论[M].北京:科学出版社,2011.

[8] 张君明.大学生当球童是喜是忧[J].人力资源,2004(03).

[9] 骆娟.浅谈中国高尔夫球童职业素质[J].科技风,2010(04).

[10] 马进荣,宫士君.球童研究[J].体育文化导刊,2011(12).

[11] 董德杰.浅谈高尔夫球童培训[J].经营管理者,2011(09).

[12] 严周.球童高尔夫球场上德精灵[J].中国体育,2003(01).

[13] 郭弘祺.球童的职业发展[J].世界高尔夫,2011(09).

[14] 朝向集团.中国高尔夫行业报告[R].高尔夫白皮书,2010(03).